CHINESE NAMES, SURNA
LOCATIONS & ADDRESSES
中国大陆地址集

SHANXI PROVINCE - PART 7
山西省

ZIYUE TANG
汤子玥

ACKNOWLEDGEMENT

I am deeply indebted to my friends and family members to support me throughout my life. Without their invaluable love and guidance, this work wouldn't have been possible.

Thank you

Ziyue Tang

汤子玥

PREFACE

The book introduces foreigner students to the Chinese names along with locations and addresses from the **Shanxi** Province of China (中国山西省). The book contains 150 entries (names, addresses) explained with simplified Chinese characters, pinyin and English.

Chinese names follow the standard convention where the given name is written after the surname. For example, in 王威 (Wang Wei), Wang is the surname, and Wei is the given name. Further, the surnames are generally made of one (王) or two characters (司马). Similarly, the given names are also made of either one or two characters. For example, 司马威 (Sima Wei) is a three character Chinese name suitable for men. 司马威威 is a four character Chinese name.

Chinese addresses are comprised of different administrative units that start with the largest geographic entity (country) and continue to the smallest entity (county, building names, room number). For example, a typical address in Nanjing city (capital of Jiangsu province) would look like 江苏省南京市清华路28栋520室 (Jiāngsū shěng nánjīng shì qīnghuá lù 28 dòng 520 shì; Room 520, Building 28, Qinghua Road, Nanjing City, Jiangsu Province).

All rights reserved.

©2024 Ziyue Tang.

CONTENTS

ACKNOWLEDGEMENT 2
PREFACE 3
CONTENTS 4
CHAPTER 1: NAME, SURNAME & ADDRESSES (1-30) 5
CHAPTER 2: NAME, SURNAME & ADDRESSES (31-60) 16
CHAPTER 3: NAME, SURNAME & ADDRESSES (61-90) 27
CHAPTER 4: NAME, SURNAME & ADDRESSES (91-120) 39
CHAPTER 5: NAME, SURNAME & ADDRESSES (121-150) 50

CHAPTER 1: NAME, SURNAME & ADDRESSES (1-30)

901。姓名: 谢澜食

住址（火车站）：山西省阳泉市郊区山屹路 316 号阳泉站（邮政编码：249965）。联系电话：29940967。电子邮箱：uwlmi@pwojgckd.chr.cn

Zhù zhǐ: Xiè Lán Yì Shānxī Shěng Yángquán Shì Jiāoqū Shān Yì Lù 316 Hào Yángquán Zhàn (Yóuzhèng Biānmǎ：249965). Liánxì Diànhuà：29940967. Diànzǐ Yóuxiāng：uwlmi@pwojgckd.chr.cn

Lan Yi Xie, Yangquan Railway Station, 316 Shan Yi Road, Jiao District, Yangquan, Shanxi. Postal Code: 249965. Phone Number：29940967. E-mail：uwlmi@pwojgckd.chr.cn

902。姓名: 薛锤独

住址（湖泊）：山西省大同市左云县易晖路 756 号铁智湖（邮政编码：616950）。联系电话：14385552。电子邮箱：khlgu@qedmuonp.lakes.cn

Zhù zhǐ: Xuē Chuí Dú Shānxī Shěng Dàtóng Shì Zuǒ Yún Xiàn Yì Huī Lù 756 Hào Tiě Zhì Hú (Yóuzhèng Biānmǎ：616950). Liánxì Diànhuà：14385552. Diànzǐ Yóuxiāng：khlgu@qedmuonp.lakes.cn

Chui Du Xue, Tie Zhi Lake, 756 Yi Hui Road, Zuoyun County, Datong, Shanxi. Postal Code: 616950. Phone Number：14385552. E-mail：khlgu@qedmuonp.lakes.cn

903。姓名: 敖涛化

住址（大学）：山西省大同市左云县勇陶大学亚钢路 657 号（邮政编码：131526）。联系电话：32514311。电子邮箱：yzkoq@nhzxdqia.edu.cn

Zhù zhǐ: Áo Tāo Huà Shānxī Shěng Dàtóng Shì Zuǒ Yún Xiàn Yǒng Táo DàxuéYà Gāng Lù 657 Hào (Yóuzhèng Biānmǎ：131526). Liánxì Diànhuà：32514311. Diànzǐ Yóuxiāng：yzkoq@nhzxdqia.edu.cn

Tao Hua Ao, Yong Tao University, 657 Ya Gang Road, Zuoyun County, Datong, Shanxi. Postal Code: 131526. Phone Number：32514311. E-mail：yzkoq@nhzxdqia.edu.cn

904。姓名: 叶宽食

住址（大学）：山西省大同市浑源县毅惟大学领刚路758号（邮政编码：318011）。联系电话：95351722。电子邮箱：gfeoy@zaxkqorj.edu.cn

Zhù zhǐ: Yè Kuān Sì Shānxī Shěng Dàtóng Shì Hún Yuán Xiàn Yì Wéi DàxuéLǐng Gāng Lù 758 Hào (Yóuzhèng Biānmǎ：318011). Liánxì Diànhuà：95351722. Diànzǐ Yóuxiāng：gfeoy@zaxkqorj.edu.cn

Kuan Si Ye, Yi Wei University, 758 Ling Gang Road, Hunyuan County, Datong, Shanxi. Postal Code: 318011. Phone Number：95351722. E-mail：gfeoy@zaxkqorj.edu.cn

905。姓名: 储成员

住址（酒店）：山西省朔州市应县伦铁路563号石国酒店（邮政编码：332204）。联系电话：44137475。电子邮箱：umtjg@roifcpav.biz.cn

Zhù zhǐ: Chǔ Chéng Yuán Shānxī Shěng Shuò Zhōu Shì Yìng Xiàn Lún Fū Lù 563 Hào Shí Guó Jiǔ Diàn (Yóuzhèng Biānmǎ：332204). Liánxì Diànhuà：44137475. Diànzǐ Yóuxiāng：umtjg@roifcpav.biz.cn

Cheng Yuan Chu, Shi Guo Hotel, 563 Lun Fu Road, Ying County, Shuozhou, Shanxi. Postal Code: 332204. Phone Number：44137475. E-mail：umtjg@roifcpav.biz.cn

906。姓名: 郏炯王

住址（医院）：山西省临汾市尧都区迅阳路945号葛珏医院（邮政编码：249096）。联系电话：28463040。电子邮箱：cuxni@rhpztyja.health.cn

Zhù zhǐ: Jiá Jiǒng Wàng Shānxī Shěng Línfén Shì Yáo Dōu Qū Xùn Yáng Lù 945 Hào Gé Jué Yī Yuàn（Yóuzhèng Biānmǎ：249096). Liánxì Diànhuà：28463040. Diànzǐ Yóuxiāng：cuxni@rhpztyja.health.cn

Jiong Wang Jia, Ge Jue Hospital, 945 Xun Yang Road, Yaodu District, Linfen, Shanxi. Postal Code: 249096. Phone Number：28463040. E-mail：cuxni@rhpztyja.health.cn

907。姓名: 吴守九

住址（火车站）：山西省长治市沁源县学其路 904 号长治站（邮政编码：792432）。联系电话：44352749。电子邮箱：tuhwm@htkmydxl.chr.cn

Zhù zhǐ: Wú Shǒu Jiǔ Shānxī Shěng Chángzhì Shì Qìn Yuán Xiàn Xué Qí Lù 904 Hào Cángz Zhàn（Yóuzhèng Biānmǎ：792432). Liánxì Diànhuà：44352749. Diànzǐ Yóuxiāng：tuhwm@htkmydxl.chr.cn

Shou Jiu Wu, Changzhi Railway Station, 904 Xue Qi Road, Qinyuan County, Changzhi, Shanxi. Postal Code: 792432. Phone Number：44352749. E-mail：tuhwm@htkmydxl.chr.cn

908。姓名: 仉督中冠

住址（酒店）：山西省运城市平陆县员强路 337 号鹤友酒店（邮政编码：135435）。联系电话：62929407。电子邮箱：qdvlc@ibxecdzg.biz.cn

Zhù zhǐ: Zhǎngdū Zhòng Guàn Shānxī Shěng Yùn Chéng Shì Píng Lù Xiàn Yún Qiǎng Lù 337 Hào Hè Yǒu Jiǔ Diàn（Yóuzhèng Biānmǎ：135435). Liánxì Diànhuà：62929407. Diànzǐ Yóuxiāng：qdvlc@ibxecdzg.biz.cn

Zhong Guan Zhangdu, He You Hotel, 337 Yun Qiang Road, Pinglu County, Yuncheng, Shanxi. Postal Code: 135435. Phone Number：62929407. E-mail：qdvlc@ibxecdzg.biz.cn

909。姓名: 滑浩豹

住址（大学）：山西省阳泉市平定县陆绅大学威顺路 213 号（邮政编码：779781）。联系电话：16064224。电子邮箱：rnyge@jthzmcba.edu.cn

Zhù zhǐ: Huá Hào Bào Shānxī Shěng Yángquán Shì Píngdìng Xiàn Lù Shēn DàxuéWēi Shùn Lù 213 Hào (Yóuzhèng Biānmǎ：779781). Liánxì Diànhuà：16064224. Diànzǐ Yóuxiāng：rnyge@jthzmcba.edu.cn

Hao Bao Hua, Lu Shen University, 213 Wei Shun Road, Pingding County, Yangquan, Shanxi. Postal Code: 779781. Phone Number：16064224. E-mail：rnyge@jthzmcba.edu.cn

910。姓名: 艾钊立

住址（广场）：山西省晋中市平遥县食轼路 371 号游学广场（邮政编码：568431）。联系电话：28608404。电子邮箱：emawu@jdcgqfvr.squares.cn

Zhù zhǐ: Ài Zhāo Lì Shānxī Shěng Jìn Zhōng Shì Píngyáo Xiàn Yì Shì Lù 371 Hào Yóu Xué Guǎng Chǎng (Yóuzhèng Biānmǎ：568431). Liánxì Diànhuà：28608404. Diànzǐ Yóuxiāng：emawu@jdcgqfvr.squares.cn

Zhao Li Ai, You Xue Square, 371 Yi Shi Road, Pingyao County, Jinzhong, Shanxi. Postal Code: 568431. Phone Number：28608404. E-mail：emawu@jdcgqfvr.squares.cn

911。姓名: 聂大锤

住址（公园）：山西省吕梁市孝义市谢员路 491 号乙珂公园（邮政编码：669066）。联系电话：73228866。电子邮箱：pmqgi@xmjwoilf.parks.cn

Zhù zhǐ: Niè Dài Chuí Shānxī Shěng Lǚliáng Shì Xiào Yì Shì Xiè Yuán Lù 491 Hào Yǐ Kē Gōng Yuán (Yóuzhèng Biānmǎ：669066). Liánxì Diànhuà：73228866. Diànzǐ Yóuxiāng：pmqgi@xmjwoilf.parks.cn

Dai Chui Nie, Yi Ke Park, 491 Xie Yuan Road, Xiaoyi City, Luliang, Shanxi. Postal Code: 669066. Phone Number：73228866. E-mail：pmqgi@xmjwoilf.parks.cn

912。姓名: 公良南亮

住址（机场）：山西省朔州市山阴县渊石路 648 号朔州轵九国际机场（邮政编码：569633）。联系电话：35021367。电子邮箱：phsuf@pbsthlgn.airports.cn

Zhù zhǐ: Gōngliáng Nán Liàng Shānxī Shěng Shuò Zhōu Shì Shān Yīn Xiàn Yuán Shí Lù 648 Hào uò Zōu Shì Jiǔ Guó Jì Jī Chǎng (Yóuzhèng Biānmǎ：569633). Liánxì Diànhuà：35021367. Diànzǐ Yóuxiāng： phsuf@pbsthlgn.airports.cn

Nan Liang Gongliang, Shuozhou Shi Jiu International Airport, 648 Yuan Shi Road, Sanyin County, Shuozhou, Shanxi. Postal Code: 569633. Phone Number：35021367. E-mail： phsuf@pbsthlgn.airports.cn

913。姓名: 苏启大

住址（机场）：山西省忻州市岢岚县顺独路 956 号忻州守澜国际机场（邮政编码：239301）。联系电话：56358022。电子邮箱：fjiyo@vzsrhbfi.airports.cn

Zhù zhǐ: Sū Qǐ Dà Shānxī Shěng Xīnzhōu Shì Kě Lán Xiàn Shùn Dú Lù 956 Hào Xīnzōu Shǒu Lán Guó Jì Jī Chǎng (Yóuzhèng Biānmǎ：239301). Liánxì Diànhuà：56358022. Diànzǐ Yóuxiāng： fjiyo@vzsrhbfi.airports.cn

Qi Da Su, Xinzhou Shou Lan International Airport, 956 Shun Du Road, Kelan County, Xinzhou, Shanxi. Postal Code: 239301. Phone Number：56358022. E-mail： fjiyo@vzsrhbfi.airports.cn

914。姓名: 芮珏鹤

住址（机场）：山西省阳泉市盂县轶刚路 858 号阳泉其译国际机场（邮政编码：281587）。联系电话：98160485。电子邮箱：sdwlc@sqxitkmc.airports.cn

Zhù zhǐ: Ruì Jué Hè Shānxī Shěng Yángquán Shì Yú Xiàn Yì Gāng Lù 858 Hào Yángquán Qí Yì Guó Jì Jī Chǎng (Yóuzhèng Biānmǎ：281587). Liánxì Diànhuà：98160485. Diànzǐ Yóuxiāng：sdwlc@sqxitkmc.airports.cn

Jue He Rui, Yangquan Qi Yi International Airport, 858 Yi Gang Road, Yu County, Yangquan, Shanxi. Postal Code: 281587. Phone Number：98160485. E-mail：sdwlc@sqxitkmc.airports.cn

915。姓名: 羊原食

住址（大学）：山西省临汾市大宁县秀焯大学王泽路358号（邮政编码：538475）。联系电话：75603171。电子邮箱：degys@fmeysurd.edu.cn

Zhù zhǐ: Yáng Yuán Yì Shānxī Shěng Línfén Shì Dà Níngxiàn Xiù Chāo Dàxué Wáng Zé Lù 358 Hào (Yóuzhèng Biānmǎ：538475). Liánxì Diànhuà：75603171. Diànzǐ Yóuxiāng：degys@fmeysurd.edu.cn

Yuan Yi Yang, Xiu Chao University, 358 Wang Ze Road, Daning County, Linfen, Shanxi. Postal Code: 538475. Phone Number：75603171. E-mail：degys@fmeysurd.edu.cn

916。姓名: 嵇超坡

住址（博物院）：山西省临汾市隰县人翰路416号临汾博物馆（邮政编码：820416）。联系电话：67239034。电子邮箱：rhukp@sznmcutg.museums.cn

Zhù zhǐ: Jī Chāo Pō Shānxī Shěng Línfén Shì Xí Xiàn Rén Hàn Lù 416 Hào Línfén Bó Wù Guǎn (Yóuzhèng Biānmǎ：820416). Liánxì Diànhuà：67239034. Diànzǐ Yóuxiāng：rhukp@sznmcutg.museums.cn

Chao Po Ji, Linfen Museum, 416 Ren Han Road, Xi County, Linfen, Shanxi. Postal Code: 820416. Phone Number：67239034. E-mail：rhukp@sznmcutg.museums.cn

917。姓名: 郎独腾

住址（医院）：山西省长治市平顺县成德路 141 号发近医院（邮政编码：570852）。联系电话：13052795。电子邮箱：vckzt@fzoqtabv.health.cn

Zhù zhǐ: Láng Dú Téng Shānxī Shěng Chángzhì Shì Píngshùn Xiàn Chéng Dé Lù 141 Hào Fā Jìn Yī Yuàn（Yóuzhèng Biānmǎ：570852). Liánxì Diànhuà：13052795. Diànzǐ Yóuxiāng：vckzt@fzoqtabv.health.cn

Du Teng Lang, Fa Jin Hospital, 141 Cheng De Road, Pingshun County, Changzhi, Shanxi. Postal Code: 570852. Phone Number：13052795. E-mail：vckzt@fzoqtabv.health.cn

918。姓名:朱振冕

住址（湖泊）：山西省临汾市乡宁县石俊路 588 号星进湖（邮政编码：594579）。联系电话：13427059。电子邮箱：wpody@onhvwiql.lakes.cn

Zhù zhǐ: Zhū Zhèn Miǎn Shānxī Shěng Línfén Shì Xiāng Níngxiàn Shí Jùn Lù 588 Hào Xīng Jìn Hú（Yóuzhèng Biānmǎ：594579). Liánxì Diànhuà：13427059. Diànzǐ Yóuxiāng：wpody@onhvwiql.lakes.cn

Zhen Mian Zhu, Xing Jin Lake, 588 Shi Jun Road, Xiangning County, Linfen, Shanxi. Postal Code: 594579. Phone Number：13427059. E-mail：wpody@onhvwiql.lakes.cn

919。姓名:季珏九

住址（湖泊）：山西省长治市壶关县风陆路 129 号祥进湖（邮政编码：755861）。联系电话：86811021。电子邮箱：esipy@thcsrvmj.lakes.cn

Zhù zhǐ: Jì Jué Jiǔ Shānxī Shěng Chángzhì Shì Hú Guān Xiàn Fēng Lù Lù 129 Hào Xiáng Jìn Hú（Yóuzhèng Biānmǎ：755861). Liánxì Diànhuà：86811021. Diànzǐ Yóuxiāng：esipy@thcsrvmj.lakes.cn

Jue Jiu Ji, Xiang Jin Lake, 129 Feng Lu Road, Huguan County, Changzhi, Shanxi. Postal Code: 755861. Phone Number：86811021. E-mail：esipy@thcsrvmj.lakes.cn

920。姓名: 黄南渊

住址（大学）：山西省临汾市安泽县院敬大学浩毅路 939 号（邮政编码：160172）。联系电话：32599467。电子邮箱：tmrwi@uzikfjqs.edu.cn

Zhù zhǐ: Huáng Nán Yuān Shānxī Shěng Línfén Shì Ān Zé Xiàn Yuàn Jìng Dàxué Hào Yì Lù 939 Hào （Yóuzhèng Biānmǎ：160172). Liánxì Diànhuà：32599467. Diànzǐ Yóuxiāng：tmrwi@uzikfjqs.edu.cn

Nan Yuan Huang, Yuan Jing University, 939 Hao Yi Road, Anze County, Linfen, Shanxi. Postal Code: 160172. Phone Number：32599467. E-mail：tmrwi@uzikfjqs.edu.cn

921。姓名: 汪际近

住址（公共汽车站）：山西省晋中市榆社县可珏路 469 号龙威站（邮政编码：518448）。联系电话：13610009。电子邮箱：vzsli@sehkizrp.transport.cn

Zhù zhǐ: Wāng Jì Jìn Shānxī Shěng Jìn Zhōng Shì Yú Shè Xiàn Kě Jué Lù 469 Hào Lóng Wēi Zhàn （Yóuzhèng Biānmǎ：518448). Liánxì Diànhuà：13610009. Diànzǐ Yóuxiāng：vzsli@sehkizrp.transport.cn

Ji Jin Wang, Long Wei Bus Station, 469 Ke Jue Road, Yushe County, Jinzhong, Shanxi. Postal Code: 518448. Phone Number：13610009. E-mail：vzsli@sehkizrp.transport.cn

922。姓名: 束铁人

住址（医院）：山西省忻州市代县冠歧路 810 号大风医院（邮政编码：787300）。联系电话：89939418。电子邮箱：ryeuq@gpculhvr.health.cn

Zhù zhǐ: Shù Tiě Rén Shānxī Shěng Xīnzhōu Shì Dài Xiàn Guàn Qí Lù 810 Hào Dài Fēng Yī Yuàn （Yóuzhèng Biānmǎ：787300). Liánxì Diànhuà：89939418. Diànzǐ Yóuxiāng：ryeuq@gpculhvr.health.cn

Tie Ren Shu, Dai Feng Hospital, 810 Guan Qi Road, Dai County, Xinzhou, Shanxi. Postal Code: 787300. Phone Number：89939418. E-mail：ryeuq@gpculhvr.health.cn

923。姓名: 东方领鹤

住址（公共汽车站）：山西省晋城市陵川县仓辉路 818 号陶德站（邮政编码：552972）。联系电话：55495838。电子邮箱：vtceb@kvhyobfq.transport.cn

Zhù zhǐ: Dōngfāng Lǐng Hè Shānxī Shěng Jìnchéng Shì Líng Chuān Xiàn Cāng Huī Lù 818 Hào Táo Dé Zhàn (Yóuzhèng Biānmǎ：552972). Liánxì Diànhuà：55495838. Diànzǐ Yóuxiāng：vtceb@kvhyobfq.transport.cn

Ling He Dongfang, Tao De Bus Station, 818 Cang Hui Road, Lingchuan County, Jincheng, Shanxi. Postal Code: 552972. Phone Number：55495838. E-mail：vtceb@kvhyobfq.transport.cn

924。姓名: 文福宽

住址（机场）：山西省临汾市永和县发寰路 202 号临汾歧愈国际机场（邮政编码：418979）。联系电话：45418124。电子邮箱：htmyv@swzhgmlx.airports.cn

Zhù zhǐ: Wén Fú Kuān Shānxī Shěng Línfén Shì Yǒnghé Xiàn Fā Huán Lù 202 Hào Línfén Qí Yù Guó Jì Jī Chǎng (Yóuzhèng Biānmǎ：418979). Liánxì Diànhuà：45418124. Diànzǐ Yóuxiāng：htmyv@swzhgmlx.airports.cn

Fu Kuan Wen, Linfen Qi Yu International Airport, 202 Fa Huan Road, Yonghe County, Linfen, Shanxi. Postal Code: 418979. Phone Number：45418124. E-mail：htmyv@swzhgmlx.airports.cn

925。姓名: 晏熔钦

住址（公园）：山西省忻州市五台县锤跃路 884 号仲先公园（邮政编码：163958）。联系电话：65218028。电子邮箱：anbhq@rgpdjycs.parks.cn

Zhù zhǐ: Yàn Róng Qín Shānxī Shěng Xīnzhōu Shì Wǔ Tái Xiàn Chuí Yuè Lù 884 Hào Zhòng Xiān Gōng Yuán (Yóuzhèng Biānmǎ：163958). Liánxì Diànhuà：65218028. Diànzǐ Yóuxiāng：anbhq@rgpdjycs.parks.cn

Rong Qin Yan, Zhong Xian Park, 884 Chui Yue Road, Wutai County, Xinzhou, Shanxi. Postal Code: 163958. Phone Number：65218028. E-mail：anbhq@rgpdjycs.parks.cn

926。姓名: 应晗甫

住址（家庭）：山西省运城市绛县仲轼路 264 号水兆公寓 44 层 221 室（邮政编码：932459）。联系电话：14593458。电子邮箱：kbgeo@fxwaugch.cn

Zhù zhǐ: Yīng Hán Fǔ Shānxī Shěng Yùn Chéng Shì Jiàng Xiàn Zhòng Shì Lù 264 Hào Shuǐ Zhào Gōng Yù 44 Céng 221 Shì (Yóuzhèng Biānmǎ：932459). Liánxì Diànhuà：14593458. Diànzǐ Yóuxiāng：kbgeo@fxwaugch.cn

Han Fu Ying, Room# 221, Floor# 44, Shui Zhao Apartment, 264 Zhong Shi Road, Jiang County, Yuncheng, Shanxi. Postal Code: 932459. Phone Number：14593458. E-mail：kbgeo@fxwaugch.cn

927。姓名: 伏钢铁

住址（博物院）：山西省太原市小店区宝俊路 651 号太原博物馆（邮政编码：971128）。联系电话：87060556。电子邮箱：iekus@fwznhdtj.museums.cn

Zhù zhǐ: Fú Gāng Tiě Shānxī Shěng Tàiyuán Shì Xiǎo Diàn Qū Bǎo Jùn Lù 651 Hào Tàiyuán Bó Wù Guǎn (Yóuzhèng Biānmǎ：971128). Liánxì Diànhuà：87060556. Diànzǐ Yóuxiāng：iekus@fwznhdtj.museums.cn

Gang Tie Fu, Taiyuan Museum, 651 Bao Jun Road, Shop Area, Taiyuan, Shanxi. Postal Code: 971128. Phone Number：87060556. E-mail：iekus@fwznhdtj.museums.cn

928。姓名: 西门居腾

住址（酒店）：山西省忻州市宁武县豹惟路 560 号珏铁酒店（邮政编码：235885）。联系电话：94248960。电子邮箱：kjfvx@gpvzlibc.biz.cn

Zhù zhǐ: Xīmén Jū Téng Shānxī Shěng Xīnzhōu Shì Níng Wǔ Xiàn Bào Wéi Lù 560 Hào Jué Tiě Jiǔ Diàn (Yóuzhèng Biānmǎ：235885). Liánxì Diànhuà：94248960. Diànzǐ Yóuxiāng：kjfvx@gpvzlibc.biz.cn

Ju Teng Ximen, Jue Tie Hotel, 560 Bao Wei Road, Ningwu County, Xinzhou, Shanxi. Postal Code: 235885. Phone Number：94248960. E-mail：kjfvx@gpvzlibc.biz.cn

929。姓名: 陆其土

住址（大学）：山西省朔州市怀仁市进亭大学咚仓路 349 号（邮政编码：715985）。联系电话：53100344。电子邮箱：vbjli@nbxtehug.edu.cn

Zhù zhǐ: Lù Qí Tǔ Shānxī Shěng Shuò Zhōu Shì Huái Rén Shì Jìn Tíng Dàxué Dōng Cāng Lù 349 Hào (Yóuzhèng Biānmǎ：715985). Liánxì Diànhuà：53100344. Diànzǐ Yóuxiāng：vbjli@nbxtehug.edu.cn

Qi Tu Lu, Jin Ting University, 349 Dong Cang Road, Huairen City, Shuozhou, Shanxi. Postal Code: 715985. Phone Number：53100344. E-mail：vbjli@nbxtehug.edu.cn

930。姓名: 郄强黎

住址（家庭）：山西省晋中市介休市熔民路 211 号豪全公寓 45 层 385 室（邮政编码：223780）。联系电话：56049218。电子邮箱：folpy@fbidpsrk.cn

Zhù zhǐ: Xì Qiáng Lí Shānxī Shěng Jìn Zhōng Shì Jiè Xiūshì Róng Mín Lù 211 Hào Háo Quán Gōng Yù 45 Céng 385 Shì (Yóuzhèng Biānmǎ：223780). Liánxì Diànhuà：56049218. Diànzǐ Yóuxiāng：folpy@fbidpsrk.cn

Qiang Li Xi, Room# 385, Floor# 45, Hao Quan Apartment, 211 Rong Min Road, Jiexiu City, Jinzhong, Shanxi. Postal Code: 223780. Phone Number：56049218. E-mail：folpy@fbidpsrk.cn

CHAPTER 2: NAME, SURNAME & ADDRESSES (31-60)

931。姓名: 郦豹咚

住址（寺庙）：山西省临汾市蒲县水洵路 515 号征白寺（邮政编码：330290）。联系电话：69081358。电子邮箱：vpmgf@ltqvjfed.god.cn

Zhù zhǐ: Lì Bào Dōng Shānxī Shěng Línfén Shì Pú Xiàn Shuǐ Xún Lù 515 Hào Zhēng Bái Sì (Yóuzhèng Biānmǎ：330290). Liánxì Diànhuà：69081358. Diànzǐ Yóuxiāng：vpmgf@ltqvjfed.god.cn

Bao Dong Li, Zheng Bai Temple, 515 Shui Xun Road, Pu County, Linfen, Shanxi. Postal Code: 330290. Phone Number：69081358. E-mail：vpmgf@ltqvjfed.god.cn

932。姓名: 段干近坚

住址（家庭）：山西省朔州市平鲁区岐可路 999 号圣星公寓 32 层 124 室（邮政编码：605958）。联系电话：55812188。电子邮箱：zflvu@ahdzpoci.cn

Zhù zhǐ: Duàngān Jìn Jiān Shānxī Shěng Shuò Zhōu Shì Píng Lǔ Qū Qí Kě Lù 999 Hào Shèng Xīng Gōng Yù 32 Céng 124 Shì (Yóuzhèng Biānmǎ：605958). Liánxì Diànhuà：55812188. Diànzǐ Yóuxiāng：zflvu@ahdzpoci.cn

Jin Jian Duangan, Room# 124, Floor# 32, Sheng Xing Apartment, 999 Qi Ke Road, Pinglu District, Shuozhou, Shanxi. Postal Code: 605958. Phone Number：55812188. E-mail：zflvu@ahdzpoci.cn

933。姓名: 戈鹤茂

住址（广场）：山西省大同市广灵县愈骥路 685 号冠翰广场（邮政编码：689812）。联系电话：25756750。电子邮箱：ogmzx@iuybgvet.squares.cn

Zhù zhǐ: Gē Hè Mào Shānxī Shěng Dàtóng Shì Guǎng Líng Xiàn Yù Jì Lù 685 Hào Guàn Hàn Guǎng Chǎng (Yóuzhèng Biānmǎ：689812). Liánxì Diànhuà：25756750. Diànzǐ Yóuxiāng：ogmzx@iuybgvet.squares.cn

He Mao Ge, Guan Han Square, 685 Yu Ji Road, Guangling County, Datong, Shanxi. Postal Code: 689812. Phone Number：25756750. E-mail：ogmzx@iuybgvet.squares.cn

934。姓名: 邵嘉岐

住址（医院）：山西省晋城市高平市立亮路 864 号水屹医院（邮政编码：534398）。联系电话：76571765。电子邮箱：paeoy@rivwupbk.health.cn

Zhù zhǐ: Shào Jiā Qí Shānxī Shěng Jìnchéng Shì Gāopíng Shì Lì Liàng Lù 864 Hào Shuǐ Yì Yī Yuàn (Yóuzhèng Biānmǎ：534398). Liánxì Diànhuà：76571765. Diànzǐ Yóuxiāng：paeoy@rivwupbk.health.cn

Jia Qi Shao, Shui Yi Hospital, 864 Li Liang Road, Gaoping City, Jincheng, Shanxi. Postal Code: 534398. Phone Number：76571765. E-mail：paeoy@rivwupbk.health.cn

935。姓名: 史维友

住址（公园）：山西省朔州市朔城区珂黎路 202 号汉乐公园（邮政编码：167469）。联系电话：49715552。电子邮箱：velxm@xqyjtcma.parks.cn

Zhù zhǐ: Shǐ Wéi Yǒu Shānxī Shěng Shuò Zhōu Shì Shuò Chéngqū Kē Lí Lù 202 Hào Hàn Lè Gōng Yuán (Yóuzhèng Biānmǎ：167469). Liánxì Diànhuà：49715552. Diànzǐ Yóuxiāng：velxm@xqyjtcma.parks.cn

Wei You Shi, Han Le Park, 202 Ke Li Road, Shuocheng District, Shuozhou, Shanxi. Postal Code: 167469. Phone Number：49715552. E-mail：velxm@xqyjtcma.parks.cn

936。姓名: 庾风兵

住址（酒店）：山西省太原市阳曲县鸣祥路 471 号际兵酒店（邮政编码：255632）。联系电话：84395042。电子邮箱：secjv@hewvdcrk.biz.cn

Zhù zhǐ: Yǔ Fēng Bīng Shānxī Shěng Tàiyuán Shì Yáng Qū Xiàn Míng Xiáng Lù 471 Hào Jì Bīng Jiǔ Diàn (Yóuzhèng Biānmǎ：255632). Liánxì Diànhuà：84395042. Diànzǐ Yóuxiāng：secjv@hewvdcrk.biz.cn

Feng Bing Yu, Ji Bing Hotel, 471 Ming Xiang Road, Yangqu County, Taiyuan, Shanxi. Postal Code: 255632. Phone Number：84395042. E-mail：secjv@hewvdcrk.biz.cn

937。姓名: 汝翰钢

住址（寺庙）：山西省临汾市霍州市可甫路 581 号翰风寺（邮政编码：192254）。联系电话：96899936。电子邮箱：tfglm@wmljebnk.god.cn

Zhù zhǐ: Rǔ Hàn Gāng Shānxī Shěng Línfén Shì Huò Zhōu Shì Kě Fǔ Lù 581 Hào Hàn Fēng Sì (Yóuzhèng Biānmǎ：192254). Liánxì Diànhuà：96899936. Diànzǐ Yóuxiāng：tfglm@wmljebnk.god.cn

Han Gang Ru, Han Feng Temple, 581 Ke Fu Road, Huozhou, Linfen, Shanxi. Postal Code: 192254. Phone Number：96899936. E-mail：tfglm@wmljebnk.god.cn

938。姓名: 山克先

住址（医院）：山西省忻州市偏关县洵盛路 770 号焯近医院（邮政编码：434419）。联系电话：30948272。电子邮箱：geqlj@ksbgwifc.health.cn

Zhù zhǐ: Shān Kè Xiān Shānxī Shěng Xīnzhōu Shì Piān Guān Xiàn Xún Shèng Lù 770 Hào Chāo Jìn Yī Yuàn (Yóuzhèng Biānmǎ：434419). Liánxì Diànhuà：30948272. Diànzǐ Yóuxiāng：geqlj@ksbgwifc.health.cn

Ke Xian Shan, Chao Jin Hospital, 770 Xun Sheng Road, Pianguan County, Xinzhou, Shanxi. Postal Code: 434419. Phone Number：30948272. E-mail：geqlj@ksbgwifc.health.cn

939。姓名: 容毅中

住址（湖泊）：山西省长治市潞城区迅尚路 731 号圣禹湖（邮政编码：536132）。联系电话：46789180。电子邮箱：kltvy@bjzmlens.lakes.cn

Zhù zhǐ: Róng Yì Zhòng Shānxī Shěng Chángzhì Shì Lù Chéngqū Xùn Shàng Lù 731 Hào Shèng Yǔ Hú (Yóuzhèng Biānmǎ：536132). Liánxì Diànhuà：46789180. Diànzǐ Yóuxiāng：kltvy@bjzmlens.lakes.cn

Yi Zhong Rong, Sheng Yu Lake, 731 Xun Shang Road, Lucheng District, Changzhi, Shanxi. Postal Code: 536132. Phone Number：46789180. E-mail：kltvy@bjzmlens.lakes.cn

940。姓名: 裘葛全

住址（家庭）：山西省晋中市榆社县秀振路 370 号源腾公寓 43 层 972 室（邮政编码：380750）。联系电话：46326982。电子邮箱：jfnws@qojlgphz.cn

Zhù zhǐ: Qiú Gé Quán Shānxī Shěng Jìn Zhōng Shì Yú Shè Xiàn Xiù Zhèn Lù 370 Hào Yuán Téng Gōng Yù 43 Céng 972 Shì (Yóuzhèng Biānmǎ：380750). Liánxì Diànhuà：46326982. Diànzǐ Yóuxiāng：jfnws@qojlgphz.cn

Ge Quan Qiu, Room# 972, Floor# 43, Yuan Teng Apartment, 370 Xiu Zhen Road, Yushe County, Jinzhong, Shanxi. Postal Code: 380750. Phone Number：46326982. E-mail：jfnws@qojlgphz.cn

941。姓名: 琴中红

住址（湖泊）：山西省大同市广灵县庆茂路 396 号葛强湖（邮政编码：436417）。联系电话：83229426。电子邮箱：wbmsu@wdfgjvcm.lakes.cn

Zhù zhǐ: Qín Zhòng Hóng Shānxī Shěng Dàtóng Shì Guǎng Líng Xiàn Qìng Mào Lù 396 Hào Gé Qiǎng Hú (Yóuzhèng Biānmǎ：436417). Liánxì Diànhuà：83229426. Diànzǐ Yóuxiāng：wbmsu@wdfgjvcm.lakes.cn

Zhong Hong Qin, Ge Qiang Lake, 396 Qing Mao Road, Guangling County, Datong, Shanxi. Postal Code: 436417. Phone Number：83229426. E-mail：wbmsu@wdfgjvcm.lakes.cn

942。姓名: 鄂盛红

住址（大学）：山西省运城市稷山县迅陶大学淹金路 247 号（邮政编码：868949）。联系电话：71891780。电子邮箱：zqesx@yuxoebim.edu.cn

Zhù zhǐ: È Shèng Hóng Shānxī Shěng Yùn Chéng Shì Jì Shān Xiàn Xùn Táo DàxuéYān Jīn Lù 247 Hào (Yóuzhèng Biānmǎ：868949). Liánxì Diànhuà：71891780. Diànzǐ Yóuxiāng：zqesx@yuxoebim.edu.cn

Sheng Hong E, Xun Tao University, 247 Yan Jin Road, Jishan County, Yuncheng, Shanxi. Postal Code: 868949. Phone Number：71891780. E-mail：zqesx@yuxoebim.edu.cn

943。姓名: 怀近刚

住址（公园）：山西省晋中市和顺县昌全路 352 号成强公园（邮政编码：261672）。联系电话：26125387。电子邮箱：izjhb@gcntimfx.parks.cn

Zhù zhǐ: Huái Jìn Gāng Shānxī Shěng Jìn Zhōng Shì Héshùn Xiàn Chāng Quán Lù 352 Hào Chéng Qiáng Gōng Yuán (Yóuzhèng Biānmǎ：261672). Liánxì Diànhuà：26125387. Diànzǐ Yóuxiāng：izjhb@gcntimfx.parks.cn

Jin Gang Huai, Cheng Qiang Park, 352 Chang Quan Road, Heshun County, Jinzhong, Shanxi. Postal Code: 261672. Phone Number：26125387. E-mail：izjhb@gcntimfx.parks.cn

944。姓名: 关游院

住址（湖泊）：山西省大同市浑源县奎彬路 212 号焯翼湖（邮政编码：784112）。联系电话：67446416。电子邮箱：jpvcn@pmglcovq.lakes.cn

Zhù zhǐ: Guān Yóu Yuàn Shānxī Shěng Dàtóng Shì Hún Yuán Xiàn Kuí Bīn Lù 212 Hào Chāo Yì Hú (Yóuzhèng Biānmǎ：784112). Liánxì Diànhuà：67446416. Diànzǐ Yóuxiāng：jpvcn@pmglcovq.lakes.cn

You Yuan Guan, Chao Yi Lake, 212 Kui Bin Road, Hunyuan County, Datong, Shanxi. Postal Code: 784112. Phone Number：67446416. E-mail：jpvcn@pmglcovq.lakes.cn

945。姓名: 益先斌

住址（大学）：山西省运城市稷山县友院大学勇豪路 421 号（邮政编码：873835）。联系电话：23580675。电子邮箱：sgjrk@adbfhowt.edu.cn

Zhù zhǐ: Yì Xiān Bīn Shānxī Shěng Yùn Chéng Shì Jì Shān Xiàn Yǒu Yuàn Dàxué Yǒng Háo Lù 421 Hào (Yóuzhèng Biānmǎ：873835). Liánxì Diànhuà：23580675. Diànzǐ Yóuxiāng：sgjrk@adbfhowt.edu.cn

Xian Bin Yi, You Yuan University, 421 Yong Hao Road, Jishan County, Yuncheng, Shanxi. Postal Code: 873835. Phone Number：23580675. E-mail：sgjrk@adbfhowt.edu.cn

946。姓名: 米焯熔

住址（公司）：山西省临汾市洪洞县郁鸣路 641 号兵石有限公司（邮政编码：639984）。联系电话：38531858。电子邮箱：keors@wmbrsngl.biz.cn

Zhù zhǐ: Mǐ Chāo Róng Shānxī Shěng Línfén Shì Hóng Dòng Xiàn Yù Míng Lù 641 Hào Bīng Dàn Yǒuxiàn Gōngsī (Yóuzhèng Biānmǎ：639984). Liánxì Diànhuà：38531858. Diànzǐ Yóuxiāng：keors@wmbrsngl.biz.cn

Chao Rong Mi, Bing Dan Corporation, 641 Yu Ming Road, Hongdong County, Linfen, Shanxi. Postal Code: 639984. Phone Number：38531858. E-mail：keors@wmbrsngl.biz.cn

947。姓名: 苍自辉

住址（寺庙）：山西省太原市尖草坪区科居路 837 号自陶寺（邮政编码：459299）。联系电话：17036875。电子邮箱：utqdm@avyosxjf.god.cn

Zhù zhǐ: Cāng Zì Huī Shānxī Shěng Tàiyuán Shì Jiān Cǎopíng Qū Kē Jū Lù 837 Hào Zì Táo Sì (Yóuzhèng Biānmǎ：459299). Liánxì Diànhuà： 17036875. Diànzǐ Yóuxiāng：utqdm@avyosxjf.god.cn

Zi Hui Cang, Zi Tao Temple, 837 Ke Ju Road, Jiancaoping District, Taiyuan, Shanxi. Postal Code: 459299. Phone Number： 17036875. E-mail：utqdm@avyosxjf.god.cn

948。姓名: 褚炯全

住址（博物院）：山西省大同市左云县智启路 467 号大同博物馆（邮政编码：298369）。联系电话：49582845。电子邮箱：nvfsa@nrjpobvs.museums.cn

Zhù zhǐ: Chǔ Jiǒng Quán Shānxī Shěng Dàtóng Shì Zuǒ Yún Xiàn Zhì Qǐ Lù 467 Hào Dàtóng Bó Wù Guǎn (Yóuzhèng Biānmǎ：298369). Liánxì Diànhuà： 49582845. Diànzǐ Yóuxiāng： nvfsa@nrjpobvs.museums.cn

Jiong Quan Chu, Datong Museum, 467 Zhi Qi Road, Zuoyun County, Datong, Shanxi. Postal Code: 298369. Phone Number： 49582845. E-mail：nvfsa@nrjpobvs.museums.cn

949。姓名: 危敬坡

住址（湖泊）：山西省运城市临猗县葛中路 374 号顺泽湖（邮政编码：202884）。联系电话：23328804。电子邮箱：xhesg@rfzmjhao.lakes.cn

Zhù zhǐ: Wēi Jìng Pō Shānxī Shěng Yùn Chéng Shì Lín Yī Xiàn Gé Zhòng Lù 374 Hào Shùn Zé Hú (Yóuzhèng Biānmǎ：202884). Liánxì Diànhuà： 23328804. Diànzǐ Yóuxiāng： xhesg@rfzmjhao.lakes.cn

Jing Po Wei, Shun Ze Lake, 374 Ge Zhong Road, Linyi County, Yuncheng, Shanxi. Postal Code: 202884. Phone Number： 23328804. E-mail：xhesg@rfzmjhao.lakes.cn

950。姓名: 勾易葛

住址（火车站）：山西省晋中市太谷区冠独路 819 号晋中站（邮政编码：489829）。联系电话：14784393。电子邮箱：smewx@sqnkpbfi.chr.cn

Zhù zhǐ: Gōu Yì Gé Shānxī Shěng Jìn Zhōng Shì Tài Gǔ Qū Guàn Dú Lù 819 Hào Jn Zōng Zhàn （Yóuzhèng Biānmǎ：489829). Liánxì Diànhuà：14784393. Diànzǐ Yóuxiāng：smewx@sqnkpbfi.chr.cn

Yi Ge Gou, Jinzhong Railway Station, 819 Guan Du Road, Taigu District, Jinzhong, Shanxi. Postal Code: 489829. Phone Number：14784393. E-mail：smewx@sqnkpbfi.chr.cn

951。姓名: 闻泽化

住址（湖泊）：山西省阳泉市城区山队路 935 号铁陶湖（邮政编码：375464）。联系电话：42899519。电子邮箱：vumwr@ugholxjv.lakes.cn

Zhù zhǐ: Wén Zé Huà Shānxī Shěng Yángquán Shì Chéngqū Shān Duì Lù 935 Hào Fū Táo Hú （Yóuzhèng Biānmǎ：375464). Liánxì Diànhuà：42899519. Diànzǐ Yóuxiāng：vumwr@ugholxjv.lakes.cn

Ze Hua Wen, Fu Tao Lake, 935 Shan Dui Road, Urban Area, Yangquan, Shanxi. Postal Code: 375464. Phone Number：42899519. E-mail：vumwr@ugholxjv.lakes.cn

952。姓名: 柏隆鹤

住址（湖泊）：山西省吕梁市交口县冠禹路 739 号陆昌湖（邮政编码：846074）。联系电话：91880129。电子邮箱：gnxqu@jrhndaqw.lakes.cn

Zhù zhǐ: Bǎi Lóng Hè Shānxī Shěng Lǚliáng Shì Jiāokǒu Xiàn Guàn Yǔ Lù 739 Hào Liù Chāng Hú （Yóuzhèng Biānmǎ：846074). Liánxì Diànhuà：91880129. Diànzǐ Yóuxiāng：gnxqu@jrhndaqw.lakes.cn

Long He Bai, Liu Chang Lake, 739 Guan Yu Road, Jiaokou County, Luliang, Shanxi. Postal Code: 846074. Phone Number：91880129. E-mail：gnxqu@jrhndaqw.lakes.cn

953。姓名: 谈圣宽

住址（湖泊）：山西省阳泉市盂县铭轶路975号全泽湖（邮政编码：471365）。联系电话：12922771。电子邮箱：wnvoy@gxbfjlqe.lakes.cn

Zhù zhǐ: Tán Shèng Kuān Shānxī Shěng Yángquán Shì Yú Xiàn Míng Yì Lù 975 Hào Quán Zé Hú （Yóuzhèng Biānmǎ：471365). Liánxì Diànhuà：12922771. Diànzǐ Yóuxiāng：wnvoy@gxbfjlqe.lakes.cn

Sheng Kuan Tan, Quan Ze Lake, 975 Ming Yi Road, Yu County, Yangquan, Shanxi. Postal Code: 471365. Phone Number：12922771. E-mail：wnvoy@gxbfjlqe.lakes.cn

954。姓名: 司马龙继

住址（机场）：山西省大同市云州区进舟路236号大同坚先国际机场（邮政编码：365055）。联系电话：31102732。电子邮箱：fbhnq@okcvemxp.airports.cn

Zhù zhǐ: Sīmǎ Lóng Jì Shānxī Shěng Dàtóng Shì Yún Zhōu Qū Jìn Zhōu Lù 236 Hào Dàtóng Jiān Xiān Guó Jì Jī Chǎng （Yóuzhèng Biānmǎ：365055). Liánxì Diànhuà：31102732. Diànzǐ Yóuxiāng：fbhnq@okcvemxp.airports.cn

Long Ji Sima, Datong Jian Xian International Airport, 236 Jin Zhou Road, Yunzhou District, Datong, Shanxi. Postal Code: 365055. Phone Number：31102732. E-mail：fbhnq@okcvemxp.airports.cn

955。姓名: 劳岐坚

住址（公园）：山西省忻州市河曲县坚员路800号独波公园（邮政编码：498747）。联系电话：18611175。电子邮箱：utxqs@koghnbqm.parks.cn

Zhù zhǐ: Láo Qí Jiān Shānxī Shěng Xīnzhōu Shì Héqū Xiàn Jiān Yuán Lù 800 Hào Dú Bō Gōng Yuán (Yóuzhèng Biānmǎ：498747). Liánxì Diànhuà： 18611175. Diànzǐ Yóuxiāng：utxqs@koghnbqm.parks.cn

Qi Jian Lao, Du Bo Park, 800 Jian Yuan Road, Hequ County, Xinzhou, Shanxi. Postal Code: 498747. Phone Number：18611175. E-mail：utxqs@koghnbqm.parks.cn

956。姓名:褚涛可

住址（酒店）：山西省忻州市定襄县坡立路 823 号源刚酒店（邮政编码：552410）。联系电话：64219581。电子邮箱：hkmxv@iadorzxv.biz.cn

Zhù zhǐ: Chǔ Tāo Kě Shānxī Shěng Xīnzhōu Shì Dìng Xiāng Xiàn Pō Lì Lù 823 Hào Yuán Gāng Jiǔ Diàn (Yóuzhèng Biānmǎ：552410). Liánxì Diànhuà：64219581. Diànzǐ Yóuxiāng：hkmxv@iadorzxv.biz.cn

Tao Ke Chu, Yuan Gang Hotel, 823 Po Li Road, Dingxiang County, Xinzhou, Shanxi. Postal Code: 552410. Phone Number：64219581. E-mail：hkmxv@iadorzxv.biz.cn

957。姓名:阮中计

住址（寺庙）：山西省运城市新绛县领亚路 313 号先尚寺（邮政编码：174471）。联系电话：57006376。电子邮箱：cptwy@elpdizhr.god.cn

Zhù zhǐ: Ruǎn Zhòng Jì Shānxī Shěng Yùn Chéng Shì Xīn Jiàng Xiàn Lǐng Yà Lù 313 Hào Xiān Shàng Sì (Yóuzhèng Biānmǎ：174471). Liánxì Diànhuà：57006376. Diànzǐ Yóuxiāng：cptwy@elpdizhr.god.cn

Zhong Ji Ruan, Xian Shang Temple, 313 Ling Ya Road, Xinjiang County, Yuncheng, Shanxi. Postal Code: 174471. Phone Number：57006376. E-mail：cptwy@elpdizhr.god.cn

958。姓名:钱发轶

住址（公共汽车站）：山西省运城市闻喜县龙译路 592 号可骥站（邮政编码：754310）。联系电话：60696301。电子邮箱：tnwif@pyvgfhtk.transport.cn

Zhù zhǐ: Qián Fā Yì Shānxī Shěng Yùn Chéng Shì Wén Xǐ Xiàn Lóng Yì Lù 592 Hào Kě Jì Zhàn (Yóuzhèng Biānmǎ：754310). Liánxì Diànhuà： 60696301. Diànzǐ Yóuxiāng： tnwif@pyvgfhtk.transport.cn

Fa Yi Qian, Ke Ji Bus Station, 592 Long Yi Road, Wenxi County, Yuncheng, Shanxi. Postal Code: 754310. Phone Number：60696301. E-mail：tnwif@pyvgfhtk.transport.cn

959。姓名: 鱼熔禹

住址（医院）：山西省长治市平顺县豪祥路 995 号咚游医院（邮政编码：296612）。联系电话：47605928。电子邮箱：flntx@dvixtpcz.health.cn

Zhù zhǐ: Yú Róng Yǔ Shānxī Shěng Chángzhì Shì Píngshùn Xiàn Háo Xiáng Lù 995 Hào Dōng Yóu Yī Yuàn (Yóuzhèng Biānmǎ：296612). Liánxì Diànhuà： 47605928. Diànzǐ Yóuxiāng： flntx@dvixtpcz.health.cn

Rong Yu Yu, Dong You Hospital, 995 Hao Xiang Road, Pingshun County, Changzhi, Shanxi. Postal Code: 296612. Phone Number：47605928. E-mail：flntx@dvixtpcz.health.cn

960。姓名: 李盛自

住址（寺庙）：山西省长治市沁县顺水路 356 号可焯寺（邮政编码：981131）。联系电话：99438142。电子邮箱：otvdk@lequvrkg.god.cn

Zhù zhǐ: Lǐ Shèng Zì Shānxī Shěng Chángzhì Shì Qìn Xiàn Shùn Shuǐ Lù 356 Hào Kě Chāo Sì (Yóuzhèng Biānmǎ：981131). Liánxì Diànhuà： 99438142. Diànzǐ Yóuxiāng： otvdk@lequvrkg.god.cn

Sheng Zi Li, Ke Chao Temple, 356 Shun Shui Road, Qin County, Changzhi, Shanxi. Postal Code: 981131. Phone Number：99438142. E-mail：otvdk@lequvrkg.god.cn

CHAPTER 3: NAME, SURNAME & ADDRESSES (61-90)

961。姓名: 濮阳冠稼

住址（湖泊）：山西省大同市新荣区仲计路 554 号嘉科湖（邮政编码：732839）。联系电话：91726776。电子邮箱：enhqp@fmbtghrs.lakes.cn

Zhù zhǐ: Púyáng Guān Jià Shānxī Shěng Dàtóng Shì Xīn Róng Qū Zhòng Jì Lù 554 Hào Jiā Kē Hú (Yóuzhèng Biānmǎ：732839). Liánxì Diànhuà：91726776. Diànzǐ Yóuxiāng：enhqp@fmbtghrs.lakes.cn

Guan Jia Puyang, Jia Ke Lake, 554 Zhong Ji Road, Xinrong District, Datong, Shanxi. Postal Code: 732839. Phone Number：91726776. E-mail: enhqp@fmbtghrs.lakes.cn

962。姓名: 沙龙楚

住址（家庭）：山西省大同市广灵县居祥路 824 号腾恩公寓 40 层 394 室（邮政编码：931738）。联系电话：94844509。电子邮箱：zuyqf@jdfrlyom.cn

Zhù zhǐ: Shā Lóng Chǔ Shānxī Shěng Dàtóng Shì Guǎng Líng Xiàn Jū Xiáng Lù 824 Hào Téng Ēn Gōng Yù 40 Céng 394 Shì (Yóuzhèng Biānmǎ：931738). Liánxì Diànhuà：94844509. Diànzǐ Yóuxiāng：zuyqf@jdfrlyom.cn

Long Chu Sha, Room# 394, Floor# 40, Teng En Apartment, 824 Ju Xiang Road, Guangling County, Datong, Shanxi. Postal Code: 931738. Phone Number：94844509. E-mail：zuyqf@jdfrlyom.cn

963。姓名: 白成顺

住址（公共汽车站）：山西省阳泉市盂县人亮路 447 号阳臻站（邮政编码：262298）。联系电话：55672649。电子邮箱：tmkiq@adteronz.transport.cn

Zhù zhǐ: Bái Chéng Shùn Shānxī Shěng Yángquán Shì Yú Xiàn Rén Liàng Lù 447 Hào Yáng Zhèn Zhàn (Yóuzhèng Biānmǎ：262298). Liánxì Diànhuà：55672649. Diànzǐ Yóuxiāng：tmkiq@adteronz.transport.cn

Cheng Shun Bai, Yang Zhen Bus Station, 447 Ren Liang Road, Yu County, Yangquan, Shanxi. Postal Code: 262298. Phone Number：55672649. E-mail：tmkiq@adteronz.transport.cn

964。姓名: 谢南豪

住址（博物院）：山西省长治市壶关县洵迅路 980 号长治博物馆（邮政编码：881829）。联系电话：72443037。电子邮箱：updby@wvxocgms.museums.cn

Zhù zhǐ: Xiè Nán Háo Shānxī Shěng Chángzhì Shì Hú Guān Xiàn Xún Xùn Lù 980 Hào Cángz Bó Wù Guǎn (Yóuzhèng Biānmǎ：881829). Liánxì Diànhuà：72443037. Diànzǐ Yóuxiāng：updby@wvxocgms.museums.cn

Nan Hao Xie, Changzhi Museum, 980 Xun Xun Road, Huguan County, Changzhi, Shanxi. Postal Code: 881829. Phone Number：72443037. E-mail：updby@wvxocgms.museums.cn

965。姓名: 公强乐

住址（机场）：山西省太原市晋源区仓轼路 859 号太原国自国际机场（邮政编码：229972）。联系电话：86075217。电子邮箱：spxkh@wloirbdj.airports.cn

Zhù zhǐ: Gōng Qiáng Lè Shānxī Shěng Tàiyuán Shì Jìn Yuán Qū Cāng Shì Lù 859 Hào Tàiyuán Guó Zì Guó Jì Jī Chǎng (Yóuzhèng Biānmǎ：229972). Liánxì Diànhuà：86075217. Diànzǐ Yóuxiāng：spxkh@wloirbdj.airports.cn

Qiang Le Gong, Taiyuan Guo Zi International Airport, 859 Cang Shi Road, Jinyuan District, Taiyuan, Shanxi. Postal Code: 229972. Phone Number：86075217. E-mail：spxkh@wloirbdj.airports.cn

966。姓名: 栾超钢

住址（寺庙）：山西省晋中市祁县坚王路 557 号亚陶寺（邮政编码：417098）。联系电话：19858719。电子邮箱：nvcwq@jvnplezb.god.cn

Zhù zhǐ: Luán Chāo Gāng Shānxī Shěng Jìn Zhōng Shì Qí Xiàn Jiān Wáng Lù 557 Hào Yà Táo Sì (Yóuzhèng Biānmǎ：417098). Liánxì Diànhuà：19858719. Diànzǐ Yóuxiāng：nvcwq@jvnplezb.god.cn

Chao Gang Luan, Ya Tao Temple, 557 Jian Wang Road, Qi County, Jinzhong, Shanxi. Postal Code: 417098. Phone Number：19858719. E-mail：nvcwq@jvnplezb.god.cn

967。姓名:项院葆

住址（酒店）：山西省长治市壶关县隆亚路 194 号星学酒店（邮政编码：732977）。联系电话：81503299。电子邮箱：dpxus@efwldboj.biz.cn

Zhù zhǐ: Xiàng Yuàn Bǎo Shānxī Shěng Chángzhì Shì Hú Guān Xiàn Lóng Yà Lù 194 Hào Xīng Xué Jiǔ Diàn (Yóuzhèng Biānmǎ：732977). Liánxì Diànhuà：81503299. Diànzǐ Yóuxiāng：dpxus@efwldboj.biz.cn

Yuan Bao Xiang, Xing Xue Hotel, 194 Long Ya Road, Huguan County, Changzhi, Shanxi. Postal Code: 732977. Phone Number：81503299. E-mail：dpxus@efwldboj.biz.cn

968。姓名:曹进懂

住址（火车站）：山西省朔州市怀仁市居立路 872 号朔州站（邮政编码：904670）。联系电话：78893091。电子邮箱：xljyc@ksrluvjz.chr.cn

Zhù zhǐ: Cáo Jìn Dǒng Shānxī Shěng Shuò Zhōu Shì Huái Rén Shì Jū Lì Lù 872 Hào uò Zōu Zhàn (Yóuzhèng Biānmǎ：904670). Liánxì Diànhuà：78893091. Diànzǐ Yóuxiāng：xljyc@ksrluvjz.chr.cn

Jin Dong Cao, Shuozhou Railway Station, 872 Ju Li Road, Huairen City, Shuozhou, Shanxi. Postal Code: 904670. Phone Number：78893091. E-mail：xljyc@ksrluvjz.chr.cn

969。姓名: 母启德

住址（家庭）：山西省晋城市阳城县熔宝路 971 号守豪公寓 24 层 794 室（邮政编码：146634）。联系电话：52444473。电子邮箱：mwfdg@kwatjcyn.cn

Zhù zhǐ: Mǔ Qǐ Dé Shānxī Shěng Jìnchéng Shì Yáng Chéng Xiàn Róng Bǎo Lù 971 Hào Shǒu Háo Gōng Yù 24 Céng 794 Shì (Yóuzhèng Biānmǎ： 146634). Liánxì Diànhuà： 52444473. Diànzǐ Yóuxiāng： mwfdg@kwatjcyn.cn

Qi De Mu, Room# 794, Floor# 24, Shou Hao Apartment, 971 Rong Bao Road, Yangcheng County, Jincheng, Shanxi. Postal Code: 146634. Phone Number：52444473. E-mail： mwfdg@kwatjcyn.cn

970。姓名: 贝仓冠

住址（火车站）：山西省晋中市榆社县锡铭路 454 号晋中站（邮政编码：719358）。联系电话：62953008。电子邮箱：pyxth@basrzqdf.chr.cn

Zhù zhǐ: Bèi Cāng Guān Shānxī Shěng Jìn Zhōng Shì Yú Shè Xiàn Xī Míng Lù 454 Hào Jn Zōng Zhàn (Yóuzhèng Biānmǎ：719358). Liánxì Diànhuà： 62953008. Diànzǐ Yóuxiāng： pyxth@basrzqdf.chr.cn

Cang Guan Bei, Jinzhong Railway Station, 454 Xi Ming Road, Yushe County, Jinzhong, Shanxi. Postal Code: 719358. Phone Number：62953008. E-mail：pyxth@basrzqdf.chr.cn

971。姓名：麻腾沛

住址（医院）：山西省忻州市定襄县钢员路 783 号大铭医院（邮政编码：953085）。联系电话：34322169。电子邮箱：fmwgn@jpqzcaym.health.cn

Zhù zhǐ: Má Téng Bèi Shānxī Shěng Xīnzhōu Shì Dìng Xiāng Xiàn Gāng Yún Lù 783 Hào Dài Míng Yī Yuàn (Yóuzhèng Biānmǎ：953085). Liánxì Diànhuà：34322169. Diànzǐ Yóuxiāng： fmwgn@jpqzcaym.health.cn

Teng Bei Ma, Dai Ming Hospital, 783 Gang Yun Road, Dingxiang County, Xinzhou, Shanxi. Postal Code: 953085. Phone Number：34322169. E-mail：fmwgn@jpqzcaym.health.cn

972。姓名: 阙珂风

住址（机场）：山西省临汾市吉县超秀路 846 号临汾郁坤国际机场（邮政编码：442138）。联系电话：20737590。电子邮箱：dyxei@tpawybqu.airports.cn

Zhù zhǐ: Quē Kē Fēng Shānxī Shěng Línfén Shì Jí Xiàn Chāo Xiù Lù 846 Hào Línfén Yù Kūn Guó Jì Jī Chǎng (Yóuzhèng Biānmǎ：442138). Liánxì Diànhuà：20737590. Diànzǐ Yóuxiāng：dyxei@tpawybqu.airports.cn

Ke Feng Que, Linfen Yu Kun International Airport, 846 Chao Xiu Road, Ji County, Linfen, Shanxi. Postal Code: 442138. Phone Number：20737590. E-mail：dyxei@tpawybqu.airports.cn

973。姓名: 劳员岐

住址（火车站）：山西省临汾市隰县沛金路 951 号临汾站（邮政编码：882779）。联系电话：12220591。电子邮箱：vqrda@vrspdacu.chr.cn

Zhù zhǐ: Láo Yún Qí Shānxī Shěng Línfén Shì Xí Xiàn Pèi Jīn Lù 951 Hào Línfén Zhàn (Yóuzhèng Biānmǎ：882779). Liánxì Diànhuà：12220591. Diànzǐ Yóuxiāng：vqrda@vrspdacu.chr.cn

Yun Qi Lao, Linfen Railway Station, 951 Pei Jin Road, Xi County, Linfen, Shanxi. Postal Code: 882779. Phone Number：12220591. E-mail：vqrda@vrspdacu.chr.cn

974。姓名: 上官惟绅

住址（火车站）：山西省吕梁市孝义市鹤食路 510 号吕梁站（邮政编码：487111）。联系电话：91882186。电子邮箱：zsgta@ltpwjrnv.chr.cn

Zhù zhǐ: Shàngguān Wéi Shēn Shānxī Shěng Lǚliáng Shì Xiào Yì Shì Hè Yì Lù 510 Hào Lǚliáng Zhàn (Yóuzhèng Biānmǎ：487111). Liánxì Diànhuà：91882186. Diànzǐ Yóuxiāng：zsgta@ltpwjrnv.chr.cn

Wei Shen Shangguan, Luliang Railway Station, 510 He Yi Road, Xiaoyi City, Luliang, Shanxi. Postal Code: 487111. Phone Number：91882186. E-mail：zsgta@ltpwjrnv.chr.cn

975。姓名: 巢世嘉

住址（大学）：山西省临汾市古县谢龙大学腾晗路 747 号（邮政编码：592797）。联系电话：59124249。电子邮箱：wretf@yvafkgqz.edu.cn

Zhù zhǐ: Cháo Shì Jiā Shānxī Shěng Línfén Shì Gǔ Xiàn Xiè Lóng Dàxué Téng Hán Lù 747 Hào (Yóuzhèng Biānmǎ：592797). Liánxì Diànhuà：59124249. Diànzǐ Yóuxiāng：wretf@yvafkgqz.edu.cn

Shi Jia Chao, Xie Long University, 747 Teng Han Road, Guxian, Linfen, Shanxi. Postal Code: 592797. Phone Number：59124249. E-mail：wretf@yvafkgqz.edu.cn

976。姓名: 李毅刚

住址（公共汽车站）：山西省忻州市神池县石计路 836 号翰楚站（邮政编码：242992）。联系电话：80335516。电子邮箱：hxzkg@kwehiodp.transport.cn

Zhù zhǐ: Lǐ Yì Gāng Shānxī Shěng Xīnzhōu Shì Shénchí Xiàn Dàn Jì Lù 836 Hào Hàn Chǔ Zhàn (Yóuzhèng Biānmǎ：242992). Liánxì Diànhuà：80335516. Diànzǐ Yóuxiāng：hxzkg@kwehiodp.transport.cn

Yi Gang Li, Han Chu Bus Station, 836 Dan Ji Road, Shenchi County, Xinzhou, Shanxi. Postal Code: 242992. Phone Number：80335516. E-mail：hxzkg@kwehiodp.transport.cn

977。姓名: 子车勇南

住址（酒店）：山西省长治市长子县盛中路 293 号澜独酒店（邮政编码：594747）。联系电话：54639508。电子邮箱：aczkj@flhvygts.biz.cn

Zhù zhǐ: Zǐjū Yǒng Nán Shānxī Shěng Chángzhì Shì Zhǎngzǐ Xiàn Chéng Zhòng Lù 293 Hào Lán Dú Jiǔ Diàn (Yóuzhèng Biānmǎ：594747). Liánxì Diànhuà：54639508. Diànzǐ Yóuxiāng：aczkj@flhvygts.biz.cn

Yong Nan Ziju, Lan Du Hotel, 293 Cheng Zhong Road, Eldest Son County, Changzhi, Shanxi. Postal Code: 594747. Phone Number：54639508. E-mail：aczkj@flhvygts.biz.cn

978。姓名：窦盛迅

住址（大学）：山西省吕梁市岚县威珂大学乙钦路 437 号（邮政编码：452245）。联系电话：98433085。电子邮箱：gmrcy@ayjvfzgl.edu.cn

Zhù zhǐ: Dòu Shèng Xùn Shānxī Shěng Lǚliáng Shì Lán Xiàn Wēi Kē DàxuéYǐ Qīn Lù 437 Hào (Yóuzhèng Biānmǎ：452245). Liánxì Diànhuà：98433085. Diànzǐ Yóuxiāng：gmrcy@ayjvfzgl.edu.cn

Sheng Xun Dou, Wei Ke University, 437 Yi Qin Road, Lan County, Luliang, Shanxi. Postal Code: 452245. Phone Number：98433085. E-mail：gmrcy@ayjvfzgl.edu.cn

979。姓名：许兆毅

住址（公共汽车站）：山西省阳泉市矿区九源路 479 号屹化站（邮政编码：494458）。联系电话：52084451。电子邮箱：rfkcj@avpkotxi.transport.cn

Zhù zhǐ: Xǔ Zhào Yì Shānxī Shěng Yángquán Shì Kuàngqū Jiǔ Yuán Lù 479 Hào Yì Huā Zhàn (Yóuzhèng Biānmǎ：494458). Liánxì Diànhuà：52084451. Diànzǐ Yóuxiāng：rfkcj@avpkotxi.transport.cn

Zhao Yi Xu, Yi Hua Bus Station, 479 Jiu Yuan Road, Mining Area, Yangquan, Shanxi. Postal Code: 494458. Phone Number：52084451. E-mail：rfkcj@avpkotxi.transport.cn

980。姓名: 东岐振

住址（湖泊）：山西省太原市迎泽区豹泽路 376 号立人湖（邮政编码：814521）。联系电话：37708561。电子邮箱：nmxqe@tzclwmqb.lakes.cn

Zhù zhǐ: Dōng Qí Zhèn Shānxī Shěng Tàiyuán Shì Yíng Zé Qū Bào Zé Lù 376 Hào Lì Rén Hú (Yóuzhèng Biānmǎ：814521). Liánxì Diànhuà：37708561. Diànzǐ Yóuxiāng：nmxqe@tzclwmqb.lakes.cn

Qi Zhen Dong, Li Ren Lake, 376 Bao Ze Road, Yingze District, Taiyuan, Shanxi. Postal Code: 814521. Phone Number：37708561. E-mail：nmxqe@tzclwmqb.lakes.cn

981。姓名: 薛土大

住址（火车站）：山西省临汾市永和县近黎路 861 号临汾站（邮政编码：910695）。联系电话：25956127。电子邮箱：unyto@pmahqkfg.chr.cn

Zhù zhǐ: Xuē Tǔ Dài Shānxī Shěng Línfén Shì Yǒnghé Xiàn Jìn Lí Lù 861 Hào Línfén Zhàn (Yóuzhèng Biānmǎ：910695). Liánxì Diànhuà：25956127. Diànzǐ Yóuxiāng：unyto@pmahqkfg.chr.cn

Tu Dai Xue, Linfen Railway Station, 861 Jin Li Road, Yonghe County, Linfen, Shanxi. Postal Code: 910695. Phone Number：25956127. E-mail：unyto@pmahqkfg.chr.cn

982。姓名: 越石宽

住址（医院）：山西省运城市垣曲县胜石路 970 号腾成医院（邮政编码：767436）。联系电话：22447066。电子邮箱：mhtwv@qibspeux.health.cn

Zhù zhǐ: Yuè Shí Kuān Shānxī Shěng Yùn Chéng Shì Yuán Qū Xiàn Shēng Dàn Lù 970 Hào Téng Chéng Yī Yuàn (Yóuzhèng Biānmǎ：767436). Liánxì Diànhuà：22447066. Diànzǐ Yóuxiāng：mhtwv@qibspeux.health.cn

Shi Kuan Yue, Teng Cheng Hospital, 970 Sheng Dan Road, Yuanqu County, Yuncheng, Shanxi. Postal Code: 767436. Phone Number：22447066. E-mail：mhtwv@qibspeux.health.cn

983。姓名: 司徒洵世

住址（火车站）：山西省长治市长子县其宽路 830 号长治站（邮政编码：551028）。联系电话：44470714。电子邮箱：binvu@cxukwqhm.chr.cn

Zhù zhǐ: Sītú Xún Shì Shānxī Shěng Chángzhì Shì Zhǎngzǐ Xiàn Qí Kuān Lù 830 Hào Cángz Zhàn (Yóuzhèng Biānmǎ：551028). Liánxì Diànhuà：44470714. Diànzǐ Yóuxiāng：binvu@cxukwqhm.chr.cn

Xun Shi Situ, Changzhi Railway Station, 830 Qi Kuan Road, Eldest Son County, Changzhi, Shanxi. Postal Code: 551028. Phone Number：44470714. E-mail：binvu@cxukwqhm.chr.cn

984。姓名: 钟离可祥

住址（大学）：山西省朔州市怀仁市全楚大学世员路 882 号（邮政编码：421216）。联系电话：52709369。电子邮箱：zxpwb@xeawnbjf.edu.cn

Zhù zhǐ: Zhōnglí Kě Xiáng Shānxī Shěng Shuò Zhōu Shì Huái Rén Shì Quán Chǔ DàxuéShì Yún Lù 882 Hào (Yóuzhèng Biānmǎ：421216). Liánxì Diànhuà：52709369. Diànzǐ Yóuxiāng：zxpwb@xeawnbjf.edu.cn

Ke Xiang Zhongli, Quan Chu University, 882 Shi Yun Road, Huairen City, Shuozhou, Shanxi. Postal Code: 421216. Phone Number：52709369. E-mail：zxpwb@xeawnbjf.edu.cn

985。姓名: 富自超

住址（博物院）：山西省晋中市祁县王居路 205 号晋中博物馆（邮政编码：395037）。联系电话：78526506。电子邮箱：valqx@exhpadrv.museums.cn

Zhù zhǐ: Fù Zì Cháo Shānxī Shěng Jìn Zhōng Shì Qí Xiàn Wàng Jū Lù 205 Hào Jn Zōng Bó Wù Guǎn (Yóuzhèng Biānmǎ：395037). Liánxì Diànhuà：78526506. Diànzǐ Yóuxiāng： valqx@exhpadrv.museums.cn

Zi Chao Fu, Jinzhong Museum, 205 Wang Ju Road, Qi County, Jinzhong, Shanxi. Postal Code: 395037. Phone Number：78526506. E-mail：valqx@exhpadrv.museums.cn

986。姓名：安发坚

住址（医院）：山西省长治市平顺县启强路996号胜勇医院（邮政编码：789808）。联系电话：64899520。电子邮箱：bzdpm@aftexkoj.health.cn

Zhù zhǐ: Ān Fā Jiān Shānxī Shěng Chángzhì Shì Píngshùn Xiàn Qǐ Qiáng Lù 996 Hào Shēng Yǒng Yī Yuàn (Yóuzhèng Biānmǎ：789808). Liánxì Diànhuà：64899520. Diànzǐ Yóuxiāng： bzdpm@aftexkoj.health.cn

Fa Jian An, Sheng Yong Hospital, 996 Qi Qiang Road, Pingshun County, Changzhi, Shanxi. Postal Code: 789808. Phone Number：64899520. E-mail：bzdpm@aftexkoj.health.cn

987。姓名：拓跋毅炯

住址（广场）：山西省运城市垣曲县茂队路624号铁可广场（邮政编码：483632）。联系电话：56985508。电子邮箱：zxiou@qzswltmk.squares.cn

Zhù zhǐ: Tuòbá Yì Jiǒng Shānxī Shěng Yùn Chéng Shì Yuán Qū Xiàn Mào Duì Lù 624 Hào Fū Kě Guǎng Chǎng (Yóuzhèng Biānmǎ：483632). Liánxì Diànhuà：56985508. Diànzǐ Yóuxiāng： zxiou@qzswltmk.squares.cn

Yi Jiong Tuoba, Fu Ke Square, 624 Mao Dui Road, Yuanqu County, Yuncheng, Shanxi. Postal Code: 483632. Phone Number：56985508. E-mail：zxiou@qzswltmk.squares.cn

988。姓名：曲白岐

住址（火车站）：山西省长治市武乡县辉岐路 222 号长治站（邮政编码：606655）。联系电话：90220923。电子邮箱：tabvu@jzvoksfr.chr.cn

Zhù zhǐ: Qū Bái Qí Shānxī Shěng Chángzhì Shì Wǔ Xiāng Xiàn Huī Qí Lù 222 Hào Cángz Zhàn (Yóuzhèng Biānmǎ：606655). Liánxì Diànhuà：90220923. Diànzǐ Yóuxiāng：tabvu@jzvoksfr.chr.cn

Bai Qi Qu, Changzhi Railway Station, 222 Hui Qi Road, Wuxiang County, Changzhi, Shanxi. Postal Code: 606655. Phone Number：90220923. E-mail：tabvu@jzvoksfr.chr.cn

989。姓名:隆斌源

住址（湖泊）：山西省朔州市朔城区兵彬路 340 号轼继湖（邮政编码：902820）。联系电话：54329768。电子邮箱：ihbup@vfjyinza.lakes.cn

Zhù zhǐ: Lóng Bīn Yuán Shānxī Shěng Shuò Zhōu Shì Shuò Chéngqū Bīng Bīn Lù 340 Hào Shì Jì Hú (Yóuzhèng Biānmǎ：902820). Liánxì Diànhuà：54329768. Diànzǐ Yóuxiāng：ihbup@vfjyinza.lakes.cn

Bin Yuan Long, Shi Ji Lake, 340 Bing Bin Road, Shuocheng District, Shuozhou, Shanxi. Postal Code: 902820. Phone Number：54329768. E-mail：ihbup@vfjyinza.lakes.cn

990。姓名:上官仓愈

住址（机场）：山西省长治市长子县员奎路 572 号长治化顺国际机场（邮政编码：614478）。联系电话：88440736。电子邮箱：fybzj@xamfycor.airports.cn

Zhù zhǐ: Shàngguān Cāng Yù Shānxī Shěng Chángzhì Shì Zhǎngzǐ Xiàn Yún Kuí Lù 572 Hào Cángz Huà Shùn Guó Jì Jī Chǎng (Yóuzhèng Biānmǎ：614478). Liánxì Diànhuà：88440736. Diànzǐ Yóuxiāng：fybzj@xamfycor.airports.cn

Cang Yu Shangguan, Changzhi Hua Shun International Airport, 572 Yun Kui Road, Eldest Son County, Changzhi, Shanxi. Postal Code: 614478. Phone Number：88440736. E-mail：fybzj@xamfycor.airports.cn

CHAPTER 4: NAME, SURNAME & ADDRESSES (91-120)

991。姓名: 谭毅铁

住址（公共汽车站）：山西省阳泉市平定县乐浩路 439 号恩勇站（邮政编码：754920）。联系电话：46049933。电子邮箱：zwtmo@azdhbpfv.transport.cn

Zhù zhǐ: Tán Yì Fū Shānxī Shěng Yángquán Shì Píngdìng Xiàn Lè Hào Lù 439 Hào Ēn Yǒng Zhàn (Yóuzhèng Biānmǎ： 754920). Liánxì Diànhuà： 46049933. Diànzǐ Yóuxiāng：zwtmo@azdhbpfv.transport.cn

Yi Fu Tan, En Yong Bus Station, 439 Le Hao Road, Pingding County, Yangquan, Shanxi. Postal Code: 754920. Phone Number：46049933. E-mail：zwtmo@azdhbpfv.transport.cn

992。姓名: 罗舟澜

住址（公共汽车站）：山西省长治市上党区石不路 375 号学威站（邮政编码：877168）。联系电话：78102631。电子邮箱：tfwsn@brgkpzfo.transport.cn

Zhù zhǐ: Luó Zhōu Lán Shānxī Shěng Chángzhì Shì Shàng Dǎng Qū Shí Bù Lù 375 Hào Xué Wēi Zhàn (Yóuzhèng Biānmǎ： 877168). Liánxì Diànhuà： 78102631. Diànzǐ Yóuxiāng：tfwsn@brgkpzfo.transport.cn

Zhou Lan Luo, Xue Wei Bus Station, 375 Shi Bu Road, Shangdang District, Changzhi, Shanxi. Postal Code: 877168. Phone Number：78102631. E-mail：tfwsn@brgkpzfo.transport.cn

993。姓名: 盖惟独

住址（湖泊）：山西省大同市阳高县石咚路 984 号乐人湖（邮政编码：454393）。联系电话：22513535。电子邮箱：jexoz@qsuychlv.lakes.cn

Zhù zhǐ: Gài Wéi Dú Shānxī Shěng Dàtóng Shì Yáng gāo xiàn Shí Dōng Lù 984 Hào Lè Rén Hú (Yóuzhèng Biānmǎ： 454393). Liánxì Diànhuà： 22513535. Diànzǐ Yóuxiāng：jexoz@qsuychlv.lakes.cn

Wei Du Gai, Le Ren Lake, 984 Shi Dong Road, Yanggao County, Datong, Shanxi. Postal Code: 454393. Phone Number：22513535. E-mail：jexoz@qsuychlv.lakes.cn

994。姓名: 庄沛民

住址（机场）：山西省吕梁市中阳县智郁路 791 号吕梁郁胜国际机场（邮政编码：823382）。联系电话：75651057。电子邮箱：rzepy@teawrdkl.airports.cn

Zhù zhǐ: Zhuāng Bèi Mín Shānxī Shěng Lǚliáng Shì Zhōng Yáng Xiàn Zhì Yù Lù 791 Hào Lǚliáng Yù Shēng Guó Jì Jī Chǎng (Yóuzhèng Biānmǎ：823382). Liánxì Diànhuà：75651057. Diànzǐ Yóuxiāng：rzepy@teawrdkl.airports.cn

Bei Min Zhuang, Luliang Yu Sheng International Airport, 791 Zhi Yu Road, Zhongyang County, Luliang, Shanxi. Postal Code: 823382. Phone Number：75651057. E-mail：rzepy@teawrdkl.airports.cn

995。姓名: 笪成淹

住址（公共汽车站）：山西省晋中市太谷区化腾路 162 号庆渊站（邮政编码：244413）。联系电话：64566978。电子邮箱：kncwf@cegdlubv.transport.cn

Zhù zhǐ: Dá Chéng Yān Shānxī Shěng Jìn Zhōng Shì Tài Gǔ Qū Huā Téng Lù 162 Hào Qìng Yuān Zhàn (Yóuzhèng Biānmǎ：244413). Liánxì Diànhuà：64566978. Diànzǐ Yóuxiāng：kncwf@cegdlubv.transport.cn

Cheng Yan Da, Qing Yuan Bus Station, 162 Hua Teng Road, Taigu District, Jinzhong, Shanxi. Postal Code: 244413. Phone Number：64566978. E-mail：kncwf@cegdlubv.transport.cn

996。姓名: 百焯迅

住址（家庭）：山西省吕梁市中阳县白化路 768 号化世公寓 14 层 489 室（邮政编码：292550）。联系电话：77212725。电子邮箱：wpxik@tmdkzhlj.cn

Zhù zhǐ: Bǎi Zhuō Xùn Shānxī Shěng Lǚliáng Shì Zhōng Yáng Xiàn Bái Huā Lù 768 Hào Huā Shì Gōng Yù 14 Céng 489 Shì (Yóuzhèng Biānmǎ：292550). Liánxì Diànhuà：77212725. Diànzǐ Yóuxiāng：wpxik@tmdkzhlj.cn

Zhuo Xun Bai, Room# 489, Floor# 14, Hua Shi Apartment, 768 Bai Hua Road, Zhongyang County, Luliang, Shanxi. Postal Code: 292550. Phone Number：77212725. E-mail：wpxik@tmdkzhlj.cn

997。姓名:傅磊歧

住址（寺庙）：山西省朔州市平鲁区己亚路874号俊葛寺（邮政编码：822247）。联系电话：47539161。电子邮箱：zmwjs@zcvjgaxq.god.cn

Zhù zhǐ: Fù Lěi Qí Shānxī Shěng Shuò Zhōu Shì Píng Lǔ Qū Jǐ Yà Lù 874 Hào Jùn Gé Sì (Yóuzhèng Biānmǎ：822247). Liánxì Diànhuà：47539161. Diànzǐ Yóuxiāng：zmwjs@zcvjgaxq.god.cn

Lei Qi Fu, Jun Ge Temple, 874 Ji Ya Road, Pinglu District, Shuozhou, Shanxi. Postal Code: 822247. Phone Number：47539161. E-mail：zmwjs@zcvjgaxq.god.cn

998。姓名:全焯超

住址（公园）：山西省临汾市吉县居尚路859号先咚公园（邮政编码：992694）。联系电话：18215145。电子邮箱：hvjzs@lhkymeiw.parks.cn

Zhù zhǐ: Quán Zhuō Chāo Shānxī Shěng Línfén Shì Jí Xiàn Jū Shàng Lù 859 Hào Xiān Dōng Gōng Yuán (Yóuzhèng Biānmǎ：992694). Liánxì Diànhuà：18215145. Diànzǐ Yóuxiāng：hvjzs@lhkymeiw.parks.cn

Zhuo Chao Quan, Xian Dong Park, 859 Ju Shang Road, Ji County, Linfen, Shanxi. Postal Code: 992694. Phone Number：18215145. E-mail：hvjzs@lhkymeiw.parks.cn

999。姓名:殳食铭

住址（公司）：山西省临汾市隰县洵不路 590 号科涛有限公司（邮政编码：311155）。联系电话：38335676。电子邮箱：ajnog@ubpztoyf.biz.cn

Zhù zhǐ: Shū Shí Míng Shānxī Shěng Línfén Shì Xí Xiàn Xún Bù Lù 590 Hào Kē Tāo Yǒuxiàn Gōngsī (Yóuzhèng Biānmǎ：311155). Liánxì Diànhuà：38335676. Diànzǐ Yóuxiāng：ajnog@ubpztoyf.biz.cn

Shi Ming Shu, Ke Tao Corporation, 590 Xun Bu Road, Xi County, Linfen, Shanxi. Postal Code: 311155. Phone Number：38335676. E-mail：ajnog@ubpztoyf.biz.cn

1000。姓名: 司不淹

住址（酒店）：山西省运城市临猗县圣歧路 765 号超淹酒店（邮政编码：209487）。联系电话：23044779。电子邮箱：wpfog@yliwmgsr.biz.cn

Zhù zhǐ: Sī Bù Yān Shānxī Shěng Yùn Chéng Shì Lín Yī Xiàn Shèng Qí Lù 765 Hào Chāo Yān Jiǔ Diàn (Yóuzhèng Biānmǎ：209487). Liánxì Diànhuà：23044779. Diànzǐ Yóuxiāng：wpfog@yliwmgsr.biz.cn

Bu Yan Si, Chao Yan Hotel, 765 Sheng Qi Road, Linyi County, Yuncheng, Shanxi. Postal Code: 209487. Phone Number：23044779. E-mail：wpfog@yliwmgsr.biz.cn

1001。姓名: 宫光大

住址（公共汽车站）：山西省朔州市平鲁区懂铭路 412 号圣迅站（邮政编码：531304）。联系电话：57875299。电子邮箱：ehjvi@omrdtxpf.transport.cn

Zhù zhǐ: Gōng Guāng Dài Shānxī Shěng Shuò Zhōu Shì Píng Lǔ Qū Dǒng Míng Lù 412 Hào Shèng Xùn Zhàn (Yóuzhèng Biānmǎ：531304). Liánxì Diànhuà：57875299. Diànzǐ Yóuxiāng：ehjvi@omrdtxpf.transport.cn

Guang Dai Gong, Sheng Xun Bus Station, 412 Dong Ming Road, Pinglu District, Shuozhou, Shanxi. Postal Code: 531304. Phone Number：57875299. E-mail：ehjvi@omrdtxpf.transport.cn

1002。姓名：单浩王

住址（广场）：山西省运城市稷山县锡自路 245 号冠石广场（邮政编码：725782）。联系电话：89337044。电子邮箱：lwaip@hsdcxrog.squares.cn

Zhù zhǐ: Shàn Hào Wáng Shānxī Shěng Yùn Chéng Shì Jì Shān Xiàn Xī Zì Lù 245 Hào Guàn Shí Guǎng Chǎng (Yóuzhèng Biānmǎ：725782). Liánxì Diànhuà：89337044. Diànzǐ Yóuxiāng：lwaip@hsdcxrog.squares.cn

Hao Wang Shan, Guan Shi Square, 245 Xi Zi Road, Jishan County, Yuncheng, Shanxi. Postal Code: 725782. Phone Number：89337044. E-mail：lwaip@hsdcxrog.squares.cn

1003。姓名：周涛化

住址（大学）：山西省运城市永济市禹懂大学懂启路 729 号（邮政编码：396644）。联系电话：32819766。电子邮箱：lkbqt@kdyszwin.edu.cn

Zhù zhǐ: Zhōu Tāo Huà Shānxī Shěng Yùn Chéng Shì Yǒng Jì Shì Yǔ Dǒng DàxuéDǒng Qǐ Lù 729 Hào (Yóuzhèng Biānmǎ：396644). Liánxì Diànhuà：32819766. Diànzǐ Yóuxiāng：lkbqt@kdyszwin.edu.cn

Tao Hua Zhou, Yu Dong University, 729 Dong Qi Road, Yongji City, Yuncheng, Shanxi. Postal Code: 396644. Phone Number：32819766. E-mail：lkbqt@kdyszwin.edu.cn

1004。姓名：明可化

住址（机场）：山西省朔州市山阴县汉涛路 956 号朔州亚科国际机场（邮政编码：559746）。联系电话：71537930。电子邮箱：hzmpa@sfrdlpjh.airports.cn

Zhù zhǐ: Míng Kě Huā Shānxī Shěng Shuò Zhōu Shì Shān Yīn Xiàn Hàn Tāo Lù 956 Hào uò Zōu Yà Kē Guó Jì Jī Chǎng (Yóuzhèng Biānmǎ：559746). Liánxì Diànhuà：71537930. Diànzǐ Yóuxiāng：hzmpa@sfrdlpjh.airports.cn

Ke Hua Ming, Shuozhou Ya Ke International Airport, 956 Han Tao Road, Sanyin County, Shuozhou, Shanxi. Postal Code: 559746. Phone Number：71537930. E-mail：hzmpa@sfrdlpjh.airports.cn

1005。姓名：禄民豹

住址（酒店）：山西省吕梁市岚县近绅路 962 号石己酒店（邮政编码：667307）。联系电话：85852169。电子邮箱：jkwqp@cybstkvo.biz.cn

Zhù zhǐ: Lù Mín Bào Shānxī Shěng Lǚliáng Shì Lán Xiàn Jìn Shēn Lù 962 Hào Dàn Jǐ Jiǔ Diàn (Yóuzhèng Biānmǎ：667307). Liánxì Diànhuà：85852169. Diànzǐ Yóuxiāng：jkwqp@cybstkvo.biz.cn

Min Bao Lu, Dan Ji Hotel, 962 Jin Shen Road, Lan County, Luliang, Shanxi. Postal Code: 667307. Phone Number：85852169. E-mail：jkwqp@cybstkvo.biz.cn

1006。姓名：佘坡勇

住址（公共汽车站）：山西省忻州市忻府区威岐路 913 号译乙站（邮政编码：801000）。联系电话：70100796。电子邮箱：vxole@weohxqbp.transport.cn

Zhù zhǐ: Shé Pō Yǒng Shānxī Shěng Xīnzhōu Shì Xīn Fǔ Qū Wēi Qí Lù 913 Hào Yì Yǐ Zhàn (Yóuzhèng Biānmǎ：801000). Liánxì Diànhuà：70100796. Diànzǐ Yóuxiāng：vxole@weohxqbp.transport.cn

Po Yong She, Yi Yi Bus Station, 913 Wei Qi Road, Xinfu District, Xinzhou, Shanxi. Postal Code: 801000. Phone Number：70100796. E-mail：vxole@weohxqbp.transport.cn

1007。姓名：禹食铁

住址（寺庙）：山西省朔州市朔城区豹自路 129 号磊鸣寺（邮政编码：535514）。联系电话：81739886。电子邮箱：buivs@gleqdvxz.god.cn

Zhù zhǐ: Yǔ Shí Fū Shānxī Shěng Shuò Zhōu Shì Shuò Chéngqū Bào Zì Lù 129 Hào Lěi Míng Sì (Yóuzhèng Biānmǎ：535514). Liánxì Diànhuà：81739886. Diànzǐ Yóuxiāng：buivs@gleqdvxz.god.cn

Shi Fu Yu, Lei Ming Temple, 129 Bao Zi Road, Shuocheng District, Shuozhou, Shanxi. Postal Code: 535514. Phone Number：81739886. E-mail：buivs@gleqdvxz.god.cn

1008。姓名: 仉督大队

住址（酒店）：山西省临汾市洪洞县全豹路 949 号其彬酒店（邮政编码：285620）。联系电话：81401407。电子邮箱：snfrw@ihgqskeb.biz.cn

Zhù zhǐ: Zhǎngdū Dà Duì Shānxī Shěng Línfén Shì Hóng Dòng Xiàn Quán Bào Lù 949 Hào Qí Bīn Jiǔ Diàn (Yóuzhèng Biānmǎ：285620). Liánxì Diànhuà：81401407. Diànzǐ Yóuxiāng：snfrw@ihgqskeb.biz.cn

Da Dui Zhangdu, Qi Bin Hotel, 949 Quan Bao Road, Hongdong County, Linfen, Shanxi. Postal Code: 285620. Phone Number：81401407. E-mail：snfrw@ihgqskeb.biz.cn

1009。姓名: 暴磊毅

住址（大学）：山西省太原市小店区屹绅大学成咚路 264 号（邮政编码：755559）。联系电话：63500546。电子邮箱：qlown@judcplks.edu.cn

Zhù zhǐ: Bào Lěi Yì Shānxī Shěng Tàiyuán Shì Xiǎo Diàn Qū Yì Shēn DàxuéChéng Dōng Lù 264 Hào (Yóuzhèng Biānmǎ：755559). Liánxì Diànhuà：63500546. Diànzǐ Yóuxiāng：qlown@judcplks.edu.cn

Lei Yi Bao, Yi Shen University, 264 Cheng Dong Road, Shop Area, Taiyuan, Shanxi. Postal Code: 755559. Phone Number：63500546. E-mail：qlown@judcplks.edu.cn

1010。姓名: 贾盛轶

住址（湖泊）：山西省临汾市襄汾县骥兵路 368 号翰钢湖（邮政编码：114090）。联系电话：77738923。电子邮箱：hsvde@waqsypik.lakes.cn

Zhù zhǐ: Jiǎ Shèng Yì Shānxī Shěng Línfén Shì Xiāng Fén Xiàn Jì Bīng Lù 368 Hào Hàn Gāng Hú （Yóuzhèng Biānmǎ：114090). Liánxì Diànhuà：77738923. Diànzǐ Yóuxiāng： hsvde@waqsypik.lakes.cn

Sheng Yi Jia, Han Gang Lake, 368 Ji Bing Road, Xiangfen County, Linfen, Shanxi. Postal Code: 114090. Phone Number：77738923. E-mail：hsvde@waqsypik.lakes.cn

1011。姓名：陈游陆

住址（公园）：山西省长治市长子县土波路 294 号游珂公园（邮政编码：796330）。联系电话：60568688。电子邮箱：cbfzj@qzduplrg.parks.cn

Zhù zhǐ: Chén Yóu Lù Shānxī Shěng Chángzhì Shì Zhǎngzǐ Xiàn Tǔ Bō Lù 294 Hào Yóu Kē Gōng Yuán （Yóuzhèng Biānmǎ：796330). Liánxì Diànhuà：60568688. Diànzǐ Yóuxiāng： cbfzj@qzduplrg.parks.cn

You Lu Chen, You Ke Park, 294 Tu Bo Road, Eldest Son County, Changzhi, Shanxi. Postal Code: 796330. Phone Number：60568688. E-mail：cbfzj@qzduplrg.parks.cn

1012。姓名：明翰腾

住址（博物院）：山西省忻州市保德县科宝路 506 号忻州博物馆（邮政编码：374485）。联系电话：35826741。电子邮箱：shoeb@rkyxqwvz.museums.cn

Zhù zhǐ: Míng Hàn Téng Shānxī Shěng Xīnzhōu Shì Bǎo Dé Xiàn Kē Bǎo Lù 506 Hào Xīnzōu Bó Wù Guǎn （Yóuzhèng Biānmǎ：374485). Liánxì Diànhuà：35826741. Diànzǐ Yóuxiāng： shoeb@rkyxqwvz.museums.cn

Han Teng Ming, Xinzhou Museum, 506 Ke Bao Road, Baode County, Xinzhou, Shanxi. Postal Code: 374485. Phone Number：35826741. E-mail：shoeb@rkyxqwvz.museums.cn

1013。姓名: 管进汉

住址（公园）：山西省太原市娄烦县葆院路 125 号可淹公园（邮政编码：429393）。联系电话：36095047。电子邮箱：wsxlc@tfgauyxh.parks.cn

Zhù zhǐ: Guǎn Jìn Hàn Shānxī Shěng Tàiyuán Shì Lóu Fán Xiàn Bǎo Yuàn Lù 125 Hào Kě Yān Gōng Yuán （Yóuzhèng Biānmǎ：429393). Liánxì Diànhuà：36095047. Diànzǐ Yóuxiāng：wsxlc@tfgauyxh.parks.cn

Jin Han Guan, Ke Yan Park, 125 Bao Yuan Road, Loufan County, Taiyuan, Shanxi. Postal Code: 429393. Phone Number：36095047. E-mail: wsxlc@tfgauyxh.parks.cn

1014。姓名: 公禹中

住址（湖泊）：山西省运城市芮城县骥光路 581 号际宝湖（邮政编码：127035）。联系电话：52381044。电子邮箱：bpxoh@lkafdphj.lakes.cn

Zhù zhǐ: Gōng Yǔ Zhōng Shānxī Shěng Yùn Chéng Shì Ruì Chéng Xiàn Jì Guāng Lù 581 Hào Jì Bǎo Hú （Yóuzhèng Biānmǎ：127035). Liánxì Diànhuà：52381044. Diànzǐ Yóuxiāng：bpxoh@lkafdphj.lakes.cn

Yu Zhong Gong, Ji Bao Lake, 581 Ji Guang Road, Ruicheng County, Yuncheng, Shanxi. Postal Code: 127035. Phone Number：52381044. E-mail: bpxoh@lkafdphj.lakes.cn

1015。姓名: 农居队

住址（公司）：山西省忻州市岢岚县全德路 759 号锤化有限公司（邮政编码：736428）。联系电话：25353574。电子邮箱：kzxpu@wpgjruqy.biz.cn

Zhù zhǐ: Nóng Jū Duì Shānxī Shěng Xīnzhōu Shì Kě Lán Xiàn Quán Dé Lù 759 Hào Chuí Huā Yǒuxiàn Gōngsī （Yóuzhèng Biānmǎ：736428). Liánxì Diànhuà：25353574. Diànzǐ Yóuxiāng：kzxpu@wpgjruqy.biz.cn

Ju Dui Nong, Chui Hua Corporation, 759 Quan De Road, Kelan County, Xinzhou, Shanxi. Postal Code: 736428. Phone Number：25353574. E-mail：kzxpu@wpgjruqy.biz.cn

1016。姓名: 骆近俊

住址（公园）：山西省吕梁市交口县葆科路 673 号咚彬公园（邮政编码：889457）。联系电话：16270343。电子邮箱：sqcou@cpmzfhjl.parks.cn

Zhù zhǐ: Luò Jìn Jùn Shānxī Shěng Lǚliáng Shì Jiāokǒu Xiàn Bǎo Kē Lù 673 Hào Dōng Bīn Gōng Yuán (Yóuzhèng Biānmǎ：889457). Liánxì Diànhuà：16270343. Diànzǐ Yóuxiāng：sqcou@cpmzfhjl.parks.cn

Jin Jun Luo, Dong Bin Park, 673 Bao Ke Road, Jiaokou County, Luliang, Shanxi. Postal Code: 889457. Phone Number：16270343. E-mail：sqcou@cpmzfhjl.parks.cn

1017。姓名: 养强不

住址（医院）：山西省太原市小店区进愈路 256 号石昌医院（邮政编码：238321）。联系电话：75148738。电子邮箱：lrqkw@uitwkbhc.health.cn

Zhù zhǐ: Yǎng Qiáng Bù Shānxī Shěng Tàiyuán Shì Xiǎo Diàn Qū Jìn Yù Lù 256 Hào Shí Chāng Yī Yuàn (Yóuzhèng Biānmǎ：238321). Liánxì Diànhuà：75148738. Diànzǐ Yóuxiāng：lrqkw@uitwkbhc.health.cn

Qiang Bu Yang, Shi Chang Hospital, 256 Jin Yu Road, Shop Area, Taiyuan, Shanxi. Postal Code: 238321. Phone Number：75148738. E-mail：lrqkw@uitwkbhc.health.cn

1018。姓名: 闾丘轶大

住址（家庭）：山西省朔州市右玉县斌可路 314 号独祥公寓 5 层 462 室（邮政编码：148229）。联系电话：80787575。电子邮箱：alrbk@liyuoghp.cn

Zhù zhǐ: Lǚqiū Yì Dài Shānxī Shěng Shuò Zhōu Shì Yòu Yù Xiàn Bīn Kě Lù 314 Hào Dú Xiáng Gōng Yù 5 Céng 462 Shì (Yóuzhèng Biānmǎ：148229). Liánxì Diànhuà：80787575. Diànzǐ Yóuxiāng：alrbk@liyuoghp.cn

Yi Dai Llvqu, Room# 462, Floor# 5, Du Xiang Apartment, 314 Bin Ke Road, Youyu County, Shuozhou, Shanxi. Postal Code: 148229. Phone Number：80787575. E-mail：alrbk@liyuoghp.cn

1019。姓名: 汪际中

住址（医院）：山西省忻州市忻府区中智路 900 号辉院医院（邮政编码：581386）。联系电话：68808432。电子邮箱：gtuep@uhwdycnp.health.cn

Zhù zhǐ: Wāng Jì Zhōng Shānxī Shěng Xīnzhōu Shì Xīn Fǔ Qū Zhòng Zhì Lù 900 Hào Huī Yuàn Yī Yuàn (Yóuzhèng Biānmǎ：581386). Liánxì Diànhuà：68808432. Diànzǐ Yóuxiāng：gtuep@uhwdycnp.health.cn

Ji Zhong Wang, Hui Yuan Hospital, 900 Zhong Zhi Road, Xinfu District, Xinzhou, Shanxi. Postal Code: 581386. Phone Number：68808432. E-mail：gtuep@uhwdycnp.health.cn

1020。姓名: 邰亭原

住址（医院）：山西省吕梁市兴县不食路 573 号大珂医院（邮政编码：988804）。联系电话：18125380。电子邮箱：utkcy@mlfizabr.health.cn

Zhù zhǐ: Tái Tíng Yuán Shānxī Shěng Lǚliáng Shì Xìng Xiàn Bù Sì Lù 573 Hào Dà Kē Yī Yuàn (Yóuzhèng Biānmǎ：988804). Liánxì Diànhuà：18125380. Diànzǐ Yóuxiāng：utkcy@mlfizabr.health.cn

Ting Yuan Tai, Da Ke Hospital, 573 Bu Si Road, Xing County, Luliang, Shanxi. Postal Code: 988804. Phone Number：18125380. E-mail：utkcy@mlfizabr.health.cn

CHAPTER 5: NAME, SURNAME & ADDRESSES (121-150)

1021。姓名: 桓源毅

住址（公园）：山西省吕梁市柳林县珏可路 709 号全化公园（邮政编码：636606）。联系电话：50426078。电子邮箱：lrafy@hqkpgzut.parks.cn

Zhù zhǐ: Huán Yuán Yì Shānxī Shěng Lǚliáng Shì Liǔ Lín Xiàn Jué Kě Lù 709 Hào Quán Huā Gōng Yuán (Yóuzhèng Biānmǎ：636606). Liánxì Diànhuà：50426078. Diànzǐ Yóuxiāng：lrafy@hqkpgzut.parks.cn

Yuan Yi Huan, Quan Hua Park, 709 Jue Ke Road, Liulin County, Luliang, Shanxi. Postal Code: 636606. Phone Number：50426078. E-mail：lrafy@hqkpgzut.parks.cn

1022。姓名: 钦大可

住址（公园）：山西省太原市阳曲县化柱路 204 号己立公园（邮政编码：283910）。联系电话：32526406。电子邮箱：hpges@vwutzeqy.parks.cn

Zhù zhǐ: Qīn Dà Kě Shānxī Shěng Tàiyuán Shì Yáng Qū Xiàn Huà Zhù Lù 204 Hào Jǐ Lì Gōng Yuán (Yóuzhèng Biānmǎ：283910). Liánxì Diànhuà：32526406. Diànzǐ Yóuxiāng：hpges@vwutzeqy.parks.cn

Da Ke Qin, Ji Li Park, 204 Hua Zhu Road, Yangqu County, Taiyuan, Shanxi. Postal Code: 283910. Phone Number：32526406. E-mail：hpges@vwutzeqy.parks.cn

1023。姓名: 司空金翰

住址（大学）：山西省吕梁市方山县维盛大学顺轼路 507 号（邮政编码：510494）。联系电话：46977631。电子邮箱：phjla@uezodpnt.edu.cn

Zhù zhǐ: Sīkōng Jīn Hàn Shānxī Shěng Lǚliáng Shì Fāng Shān Xiàn Wéi Chéng Dàxué Shùn Shì Lù 507 Hào (Yóuzhèng Biānmǎ：510494). Liánxì Diànhuà：46977631. Diànzǐ Yóuxiāng：phjla@uezodpnt.edu.cn

Jin Han Sikong, Wei Cheng University, 507 Shun Shi Road, Fangshan County, Luliang, Shanxi. Postal Code: 510494. Phone Number：46977631. E-mail：phjla@uezodpnt.edu.cn

1024。姓名: 逄斌可

住址（火车站）：山西省晋中市寿阳县易乙路 594 号晋中站（邮政编码：981559）。联系电话：72419081。电子邮箱：cxtvr@albuczdi.chr.cn

Zhù zhǐ: Páng Bīn Kě Shānxī Shěng Jìn Zhōng Shì Shòu Yáng Xiàn Yì Yǐ Lù 594 Hào Jn Zōng Zhàn (Yóuzhèng Biānmǎ：981559). Liánxì Diànhuà：72419081. Diànzǐ Yóuxiāng：cxtvr@albuczdi.chr.cn

Bin Ke Pang, Jinzhong Railway Station, 594 Yi Yi Road, Shouyang County, Jinzhong, Shanxi. Postal Code: 981559. Phone Number：72419081. E-mail：cxtvr@albuczdi.chr.cn

1025。姓名: 阙焯坤

住址（火车站）：山西省晋中市昔阳县毅独路 629 号晋中站（邮政编码：237484）。联系电话：73186278。电子邮箱：qymjf@glyajoch.chr.cn

Zhù zhǐ: Quē Zhuō Kūn Shānxī Shěng Jìn Zhōng Shì Xī Yáng Xiàn Yì Dú Lù 629 Hào Jn Zōng Zhàn (Yóuzhèng Biānmǎ：237484). Liánxì Diànhuà：73186278. Diànzǐ Yóuxiāng：qymjf@glyajoch.chr.cn

Zhuo Kun Que, Jinzhong Railway Station, 629 Yi Du Road, Xiyang County, Jinzhong, Shanxi. Postal Code: 237484. Phone Number：73186278. E-mail：qymjf@glyajoch.chr.cn

1026。姓名: 阙冠兆

住址（大学）：山西省运城市闻喜县熔陶大学学亭路 816 号（邮政编码：547375）。联系电话：86831293。电子邮箱：ebdzi@czvbtkjl.edu.cn

Zhù zhǐ: Quē Guān Zhào Shānxī Shěng Yùn Chéng Shì Wén Xǐ Xiàn Róng Táo DàxuéXué Tíng Lù 816 Hào (Yóuzhèng Biānmǎ：547375). Liánxì Diànhuà：86831293. Diànzǐ Yóuxiāng：ebdzi@czvbtkjl.edu.cn

Guan Zhao Que, Rong Tao University, 816 Xue Ting Road, Wenxi County, Yuncheng, Shanxi. Postal Code: 547375. Phone Number：86831293. E-mail：ebdzi@czvbtkjl.edu.cn

1027。姓名: 库亮惟

住址（广场）：山西省运城市垣曲县轵豹路 311 号国敬广场（邮政编码：158661）。联系电话：18143396。电子邮箱：ivhmy@rqecsjda.squares.cn

Zhù zhǐ: Shè Liàng Wéi Shānxī Shěng Yùn Chéng Shì Yuán Qū Xiàn Shì Bào Lù 311 Hào Guó Jìng Guǎng Chǎng (Yóuzhèng Biānmǎ：158661). Liánxì Diànhuà：18143396. Diànzǐ Yóuxiāng：ivhmy@rqecsjda.squares.cn

Liang Wei She, Guo Jing Square, 311 Shi Bao Road, Yuanqu County, Yuncheng, Shanxi. Postal Code: 158661. Phone Number：18143396. E-mail：ivhmy@rqecsjda.squares.cn

1028。姓名: 山自铭

住址（公共汽车站）：山西省忻州市五台县领磊路 304 号土陆站（邮政编码：935749）。联系电话：71149474。电子邮箱：uvltp@oiwxeuvh.transport.cn

Zhù zhǐ: Shān Zì Míng Shānxī Shěng Xīnzhōu Shì Wǔ Tái Xiàn Lǐng Lěi Lù 304 Hào Tǔ Lù Zhàn (Yóuzhèng Biānmǎ：935749). Liánxì Diànhuà：71149474. Diànzǐ Yóuxiāng：uvltp@oiwxeuvh.transport.cn

Zi Ming Shan, Tu Lu Bus Station, 304 Ling Lei Road, Wutai County, Xinzhou, Shanxi. Postal Code: 935749. Phone Number：71149474. E-mail：uvltp@oiwxeuvh.transport.cn

1029。姓名: 曾启易

住址（机场）：山西省晋城市城区盛沛路852号晋城近成国际机场（邮政编码：549085）。联系电话：58919736。电子邮箱：fynio@ocszgutx.airports.cn

Zhù zhǐ: Zēng Qǐ Yì Shānxī Shěng Jìnchéng Shì Chéngqū Shèng Bèi Lù 852 Hào Jncéng Jìn Chéng Guó Jì Jī Chǎng (Yóuzhèng Biānmǎ：549085). Liánxì Diànhuà：58919736. Diànzǐ Yóuxiāng：fynio@ocszgutx.airports.cn

Qi Yi Zeng, Jincheng Jin Cheng International Airport, 852 Sheng Bei Road, Urban Area, Jincheng, Shanxi. Postal Code: 549085. Phone Number：58919736. E-mail：fynio@ocszgutx.airports.cn

1030。姓名: 荣队翼

住址（大学）：山西省太原市清徐县帆光大学钢宝路315号（邮政编码：504332）。联系电话：34554413。电子邮箱：jitdm@iekovyth.edu.cn

Zhù zhǐ: Róng Duì Yì Shānxī Shěng Tàiyuán Shì Qīng Xú Xiàn Fān Guāng DàxuéGāng Bǎo Lù 315 Hào (Yóuzhèng Biānmǎ：504332). Liánxì Diànhuà：34554413. Diànzǐ Yóuxiāng：jitdm@iekovyth.edu.cn

Dui Yi Rong, Fan Guang University, 315 Gang Bao Road, Qingxu County, Taiyuan, Shanxi. Postal Code: 504332. Phone Number：34554413. E-mail：jitdm@iekovyth.edu.cn

1031。姓名: 夔风柱

住址（家庭）：山西省运城市稷山县居阳路316号全兆公寓18层178室（邮政编码：199242）。联系电话：47296104。电子邮箱：giesk@tuqoexpz.cn

Zhù zhǐ: Kuí Fēng Zhù Shānxī Shěng Yùn Chéng Shì Jì Shān Xiàn Jū Yáng Lù 316 Hào Quán Zhào Gōng Yù 18 Céng 178 Shì (Yóuzhèng Biānmǎ：199242). Liánxì Diànhuà：47296104. Diànzǐ Yóuxiāng：giesk@tuqoexpz.cn

Feng Zhu Kui, Room# 178, Floor# 18, Quan Zhao Apartment, 316 Ju Yang Road, Jishan County, Yuncheng, Shanxi. Postal Code: 199242. Phone Number：47296104. E-mail：giesk@tuqoexpz.cn

1032。姓名: 巢臻轶

住址（医院）：山西省阳泉市矿区腾源路519号化员医院（邮政编码：975863）。联系电话：81067601。电子邮箱：lirht@egayhmoj.health.cn

Zhù zhǐ: Cháo Zhēn Yì Shānxī Shěng Yángquán Shì Kuàngqū Téng Yuán Lù 519 Hào Huà Yuán Yī Yuàn (Yóuzhèng Biānmǎ：975863). Liánxì Diànhuà：81067601. Diànzǐ Yóuxiāng：lirht@egayhmoj.health.cn

Zhen Yi Chao, Hua Yuan Hospital, 519 Teng Yuan Road, Mining Area, Yangquan, Shanxi. Postal Code: 975863. Phone Number：81067601. E-mail：lirht@egayhmoj.health.cn

1033。姓名: 伯懂咚

住址（医院）：山西省晋城市陵川县先振路180号恩成医院（邮政编码：524158）。联系电话：22483703。电子邮箱：dtxpm@gokzirhu.health.cn

Zhù zhǐ: Bó Dǒng Dōng Shānxī Shěng Jìnchéng Shì Líng Chuān Xiàn Xiān Zhèn Lù 180 Hào Ēn Chéng Yī Yuàn (Yóuzhèng Biānmǎ：524158). Liánxì Diànhuà：22483703. Diànzǐ Yóuxiāng：dtxpm@gokzirhu.health.cn

Dong Dong Bo, En Cheng Hospital, 180 Xian Zhen Road, Lingchuan County, Jincheng, Shanxi. Postal Code: 524158. Phone Number：22483703. E-mail：dtxpm@gokzirhu.health.cn

1034。姓名: 长孙跃沛

住址（公司）：山西省忻州市偏关县渊队路200号石波有限公司（邮政编码：696503）。联系电话：88653989。电子邮箱：xjbfl@evjhmstq.biz.cn

Zhù zhǐ: Zhǎngsūn Yuè Bèi Shānxī Shěng Xīnzhōu Shì Piān Guān Xiàn Yuán Duì Lù 200 Hào Dàn Bō Yǒuxiàn Gōngsī （Yóuzhèng Biānmǎ： 696503). Liánxì Diànhuà： 88653989. Diànzǐ Yóuxiāng： xjbfl@evjhmstq.biz.cn

Yue Bei Zhangsun, Dan Bo Corporation, 200 Yuan Dui Road, Pianguan County, Xinzhou, Shanxi. Postal Code: 696503. Phone Number： 88653989. E-mail： xjbfl@evjhmstq.biz.cn

1035。姓名: 白游磊

住址（酒店）：山西省晋城市陵川县晗寰路795号寰宝酒店（邮政编码：261752）。联系电话：23639051。电子邮箱：dxlab@lpowgvjm.biz.cn

Zhù zhǐ: Bái Yóu Lěi Shānxī Shěng Jìnchéng Shì Líng Chuān Xiàn Hán Huán Lù 795 Hào Huán Bǎo Jiǔ Diàn （Yóuzhèng Biānmǎ： 261752). Liánxì Diànhuà： 23639051. Diànzǐ Yóuxiāng： dxlab@lpowgvjm.biz.cn

You Lei Bai, Huan Bao Hotel, 795 Han Huan Road, Lingchuan County, Jincheng, Shanxi. Postal Code: 261752. Phone Number： 23639051. E-mail： dxlab@lpowgvjm.biz.cn

1036。姓名: 通易中

住址（广场）：山西省朔州市平鲁区科冠路876号南昌广场（邮政编码：212872）。联系电话：45367647。电子邮箱：masbj@qkntedig.squares.cn

Zhù zhǐ: Tōng Yì Zhōng Shānxī Shěng Shuò Zhōu Shì Píng Lǔ Qū Kē Guān Lù 876 Hào Nán Chāng Guǎng Chǎng （Yóuzhèng Biānmǎ： 212872). Liánxì Diànhuà： 45367647. Diànzǐ Yóuxiāng： masbj@qkntedig.squares.cn

Yi Zhong Tong, Nan Chang Square, 876 Ke Guan Road, Pinglu District, Shuozhou, Shanxi. Postal Code: 212872. Phone Number： 45367647. E-mail： masbj@qkntedig.squares.cn

1037。姓名: 容沛中

住址（酒店）：山西省吕梁市文水县员胜路 898 号沛启酒店（邮政编码：465507）。联系电话：78302185。电子邮箱：vtgmp@unlpwiyb.biz.cn

Zhù zhǐ: Róng Bèi Zhōng Shānxī Shěng Lǚliáng Shì Wén Shuǐ Xiàn Yuán Shēng Lù 898 Hào Pèi Qǐ Jiǔ Diàn (Yóuzhèng Biānmǎ：465507). Liánxì Diànhuà：78302185. Diànzǐ Yóuxiāng：vtgmp@unlpwiyb.biz.cn

Bei Zhong Rong, Pei Qi Hotel, 898 Yuan Sheng Road, Wenshui County, Luliang, Shanxi. Postal Code: 465507. Phone Number：78302185. E-mail：vtgmp@unlpwiyb.biz.cn

1038。姓名: 哈福威

住址（湖泊）：山西省太原市古交市独翰路 834 号寰山湖（邮政编码：419937）。联系电话：27143830。电子邮箱：whovi@bujhrxkv.lakes.cn

Zhù zhǐ: Hǎ Fú Wēi Shānxī Shěng Tàiyuán Shì Gǔ Jiāo Shì Dú Hàn Lù 834 Hào Huán Shān Hú (Yóuzhèng Biānmǎ：419937). Liánxì Diànhuà：27143830. Diànzǐ Yóuxiāng：whovi@bujhrxkv.lakes.cn

Fu Wei Ha, Huan Shan Lake, 834 Du Han Road, Gujiao City, Taiyuan, Shanxi. Postal Code: 419937. Phone Number：27143830. E-mail：whovi@bujhrxkv.lakes.cn

1039。姓名: 闾丘钦奎

住址（寺庙）：山西省太原市清徐县可游路 155 号禹世寺（邮政编码：228364）。联系电话：28827104。电子邮箱：cubxw@ibsgunjc.god.cn

Zhù zhǐ: Lǘqiū Qīn Kuí Shānxī Shěng Tàiyuán Shì Qīng Xú Xiàn Kě Yóu Lù 155 Hào Yǔ Shì Sì (Yóuzhèng Biānmǎ：228364). Liánxì Diànhuà：28827104. Diànzǐ Yóuxiāng：cubxw@ibsgunjc.god.cn

Qin Kui Llvqu, Yu Shi Temple, 155 Ke You Road, Qingxu County, Taiyuan, Shanxi. Postal Code: 228364. Phone Number：28827104. E-mail：cubxw@ibsgunjc.god.cn

1040。姓名: 韩锤葆

住址（火车站）：山西省大同市阳高县强钢路 808 号大同站（邮政编码：396603）。联系电话：44429337。电子邮箱：hvniz@yltbdaxz.chr.cn

Zhù zhǐ: Hán Chuí Bǎo Shānxī Shěng Dàtóng Shì Yáng gāo xiàn Qiáng Gāng Lù 808 Hào Dàtóng Zhàn （Yóuzhèng Biānmǎ：396603). Liánxì Diànhuà：44429337. Diànzǐ Yóuxiāng：hvniz@yltbdaxz.chr.cn

Chui Bao Han, Datong Railway Station, 808 Qiang Gang Road, Yanggao County, Datong, Shanxi. Postal Code: 396603. Phone Number：44429337. E-mail：hvniz@yltbdaxz.chr.cn

1041。姓名: 花领中

住址（火车站）：山西省阳泉市矿区盛岐路 754 号阳泉站（邮政编码：863699）。联系电话：11224360。电子邮箱：kpubt@sdhlwgjq.chr.cn

Zhù zhǐ: Huā Lǐng Zhòng Shānxī Shěng Yángquán Shì Kuàngqū Chéng Qí Lù 754 Hào Yángquán Zhàn （Yóuzhèng Biānmǎ：863699). Liánxì Diànhuà：11224360. Diànzǐ Yóuxiāng：kpubt@sdhlwgjq.chr.cn

Ling Zhong Hua, Yangquan Railway Station, 754 Cheng Qi Road, Mining Area, Yangquan, Shanxi. Postal Code: 863699. Phone Number：11224360. E-mail：kpubt@sdhlwgjq.chr.cn

1042。姓名: 百陆世

住址（公共汽车站）：山西省朔州市平鲁区世翼路 148 号晖征站（邮政编码：947488）。联系电话：29834493。电子邮箱：vrtzy@njzmayxk.transport.cn

Zhù zhǐ: Bǎi Lù Shì Shānxī Shěng Shuò Zhōu Shì Píng Lǔ Qū Shì Yì Lù 148 Hào Huī Zhēng Zhàn （Yóuzhèng Biānmǎ：947488). Liánxì Diànhuà：29834493. Diànzǐ Yóuxiāng：vrtzy@njzmayxk.transport.cn

Lu Shi Bai, Hui Zheng Bus Station, 148 Shi Yi Road, Pinglu District, Shuozhou, Shanxi. Postal Code: 947488. Phone Number：29834493. E-mail：vrtzy@njzmayxk.transport.cn

1043。姓名: 钱泽汉

住址（公园）：山西省阳泉市郊区豪涛路 119 号民跃公园（邮政编码：680836）。联系电话：45107881。电子邮箱：ifdpl@muwsvcay.parks.cn

Zhù zhǐ: Qián Zé Hàn Shānxī Shěng Yángquán Shì Jiāoqū Háo Tāo Lù 119 Hào Mín Yuè Gōng Yuán （Yóuzhèng Biānmǎ：680836). Liánxì Diànhuà：45107881. Diànzǐ Yóuxiāng：ifdpl@muwsvcay.parks.cn

Ze Han Qian, Min Yue Park, 119 Hao Tao Road, Jiao District, Yangquan, Shanxi. Postal Code: 680836. Phone Number：45107881. E-mail：ifdpl@muwsvcay.parks.cn

1044。姓名: 芮尚迅

住址（广场）：山西省阳泉市城区钦俊路 561 号豪发广场（邮政编码：481215）。联系电话：98574569。电子邮箱：pkodu@qtexigwz.squares.cn

Zhù zhǐ: Ruì Shàng Xùn Shānxī Shěng Yángquán Shì Chéngqū Qīn Jùn Lù 561 Hào Háo Fā Guǎng Chǎng （Yóuzhèng Biānmǎ：481215). Liánxì Diànhuà：98574569. Diànzǐ Yóuxiāng：pkodu@qtexigwz.squares.cn

Shang Xun Rui, Hao Fa Square, 561 Qin Jun Road, Urban Area, Yangquan, Shanxi. Postal Code: 481215. Phone Number：98574569. E-mail：pkodu@qtexigwz.squares.cn

1045。姓名: 鲁兆立

住址（公园）：山西省吕梁市交口县石舟路 511 号石队公园（邮政编码：277272）。联系电话：94045129。电子邮箱：wzoxq@jpksziyf.parks.cn

Zhù zhǐ: Lǔ Zhào Lì Shānxī Shěng Lǚliáng Shì Jiāokǒu Xiàn Shí Zhōu Lù 511 Hào Shí Duì Gōng Yuán (Yóuzhèng Biānmǎ: 277272). Liánxì Diànhuà: 94045129. Diànzǐ Yóuxiāng: wzoxq@jpksziyf.parks.cn

Zhao Li Lu, Shi Dui Park, 511 Shi Zhou Road, Jiaokou County, Luliang, Shanxi. Postal Code: 277272. Phone Number: 94045129. E-mail: wzoxq@jpksziyf.parks.cn

1046。姓名: 耿珏南

住址（火车站）：山西省临汾市尧都区居世路 857 号临汾站（邮政编码：986116）。联系电话：46578614。电子邮箱：aepcq@abuqtjhz.chr.cn

Zhù zhǐ: Gěng Jué Nán Shānxī Shěng Línfén Shì Yáo Dōu Qū Jū Shì Lù 857 Hào Línfén Zhàn (Yóuzhèng Biānmǎ: 986116). Liánxì Diànhuà: 46578614. Diànzǐ Yóuxiāng: aepcq@abuqtjhz.chr.cn

Jue Nan Geng, Linfen Railway Station, 857 Ju Shi Road, Yaodu District, Linfen, Shanxi. Postal Code: 986116. Phone Number: 46578614. E-mail: aepcq@abuqtjhz.chr.cn

1047。姓名: 阳不胜

住址（大学）：山西省运城市河津市近禹大学敬仓路 125 号（邮政编码：791293）。联系电话：74030464。电子邮箱：esrul@blpgnmvj.edu.cn

Zhù zhǐ: Yáng Bù Shēng Shānxī Shěng Yùn Chéng Shì Héjīn Shì Jìn Yǔ Dàxué Jìng Cāng Lù 125 Hào (Yóuzhèng Biānmǎ: 791293). Liánxì Diànhuà: 74030464. Diànzǐ Yóuxiāng: esrul@blpgnmvj.edu.cn

Bu Sheng Yang, Jin Yu University, 125 Jing Cang Road, Hejin City, Yuncheng, Shanxi. Postal Code: 791293. Phone Number: 74030464. E-mail: esrul@blpgnmvj.edu.cn

1048。姓名: 童亮中

住址（家庭）：山西省晋中市灵石县进歧路 399 号铗红公寓 45 层 123 室（邮政编码：301756）。联系电话：85256821。电子邮箱：jkwgx@cijmwkne.cn

Zhù zhǐ: Tóng Liàng Zhōng Shānxī Shěng Jìn Zhōng Shì Líng Shí Xiàn Jìn Qí Lù 399 Hào Yì Hóng Gōng Yù 45 Céng 123 Shì (Yóuzhèng Biānmǎ： 301756). Liánxì Diànhuà：85256821. Diànzǐ Yóuxiāng：jkwgx@cijmwkne.cn

Liang Zhong Tong, Room# 123, Floor# 45, Yi Hong Apartment, 399 Jin Qi Road, Lingshi County, Jinzhong, Shanxi. Postal Code: 301756. Phone Number：85256821. E-mail：jkwgx@cijmwkne.cn

1049。姓名：熊近科

住址（酒店）：山西省晋城市城区水锡路 815 号惟智酒店（邮政编码：940112）。联系电话：16554060。电子邮箱：dlzta@siepqmdz.biz.cn

Zhù zhǐ: Xióng Jìn Kē Shānxī Shěng Jìnchéng Shì Chéngqū Shuǐ Xī Lù 815 Hào Wéi Zhì Jiǔ Diàn (Yóuzhèng Biānmǎ： 940112). Liánxì Diànhuà： 16554060. Diànzǐ Yóuxiāng：dlzta@siepqmdz.biz.cn

Jin Ke Xiong, Wei Zhi Hotel, 815 Shui Xi Road, Urban Area, Jincheng, Shanxi. Postal Code: 940112. Phone Number：16554060. E-mail：dlzta@siepqmdz.biz.cn

1050。姓名：王腾智

住址（湖泊）：山西省太原市古交市甫舟路 722 号沛中湖（邮政编码：704691）。联系电话：48483518。电子邮箱：ztdgq@qgrdhswl.lakes.cn

Zhù zhǐ: Wáng Téng Zhì Shānxī Shěng Tàiyuán Shì Gǔ Jiāo Shì Fǔ Zhōu Lù 722 Hào Bèi Zhōng Hú (Yóuzhèng Biānmǎ： 704691). Liánxì Diànhuà：48483518. Diànzǐ Yóuxiāng：ztdgq@qgrdhswl.lakes.cn

Teng Zhi Wang, Bei Zhong Lake, 722 Fu Zhou Road, Gujiao City, Taiyuan, Shanxi. Postal Code: 704691. Phone Number：48483518. E-mail：ztdgq@qgrdhswl.lakes.cn

Milton Keynes UK
Ingram Content Group UK Ltd.
UKHW050916260224
438492UK00013B/624